1 MINUTO CON LA BIBLIA

Un minuto con la Biblia

1 MINUTO CON LA BIBLIA

Un minuto con la Biblia

UN VIAJE DE 90 DÍAS

LAWRENCE KIMBROUGH

B&H ¡Español!

Un minuto con la Biblia

Nashville, Tennessee 37234

ISBN 0-8054-2848-8

Publicado originalmente en inglés con el título *One Minute Bible for Starters*

Traducción al español: Adriana E. Tessore Firpi
Tipografía de la edición en español: *A&W Publishing Electronic Services, Inc.*

Clasificación decimal Dewey: 242.64
Clasifíquese: LITERATURA DEVOCIONAL

Impreso en los Estados Unidos de América
1 2 3 4 5 ❖ 08 07 06 05 04
P

Un minuto con la Biblia

Para: ______________________________

De: ______________________________

____

____

____

Tu compañero y consejero: ______________________________

Teléfono: ______________________________

"Doy gracias a mi Dios cada vez que me acuerdo de ustedes. Estoy convencido de esto: el que comenzó tan buena obra en ustedes la irá perfeccionando hasta el día de Cristo Jesús."

Filipenses 1:3,6 (NVI)

¡Hola! ¡Bienvenido!

Si eliminamos todo lo accesorio, la perspectiva para tu vida depende básicamente de una simple decisión: confiar tu futuro en las manos de Jesucristo o arriesgarte a tu propia suerte. El resto no cuenta, como se dice comúnmente.

¡Felicitaciones por haber tomado la decisión correcta!

Hay otra decisión que necesitas tomar: la de no quedarte estancado donde estás. *Un minuto con la Biblia para nuevos cristianos* es la herramienta que permitirá que tu primera decisión, la vital, produzca un cambio evidente en tu vida diaria. Son capítulos breves pero transmiten verdades profundas. Notarás grandes avances en tu vida cristiana.

Cada capítulo ocupa dos páginas y con facilidad puedes leer uno por día. Contiene un pasaje bíblico, que se lee en un minuto aproximadamente, más una breve explicación. Así de simple. Cuentas, además, con espacio para hacer anotaciones y copiar versículos que hayan llamado tu atención porque contienen verdades en las que quieres meditar.

Sería interesante que te pusieras de acuerdo con algún amigo cristiano (un familiar, un compañero de trabajo, alguien de la iglesia) que se comprometa a leer el libro al mismo tiempo que tú, para que cuando se reúnan hagan comentarios y despejen dudas. Así aprenderás mucho más.

Más allá del uso que le des, esperamos que este libro te ayude a conocer mejor a Dios y a comprender cuánto te ama.

Él tiene muchas cosas magníficas para revelarte. Aquí encontrarás algunas, especiales para nuevos cristianos.

Índice

Parte 1

Parte 2

Parte 3

Parte 4

Una nueva manera de pensar

Parte 5

Evidencias de crecimiento

Parte 6

Buenos conocimientos

Parte 7

Arriesgarse por la fe

Parte 8

Segunda línea defensiva

Parte 9

De aquí a la eternidad

Parte 1

Tiempo de cambiar

Sea que recientemente hayas aceptado a Cristo o que hayas decidido tomarlo en serio por primera vez, verás que Dios siempre estará a tu lado en la línea de salida. Sin embargo, no se conformará con que permanezcas ahí. ¿Deseas ver cambios en tu vida? Has venido al lugar adecuado.

¿Por qué yo? ¿Por qué ahora?

La manera en que fuiste atraído por Dios

Tal vez pensaste que eres el artífice de esta búsqueda. Sin embargo, Dios hace tiempo que te tiene en la mira.

Jesús les dijo: Yo soy el pan de vida; el que a mí viene, nunca tendrá hambre; y el que en mí cree, no tendrá sed jamás...

Todo lo que el Padre me da, vendrá a mí; y al que a mí viene, no le echo fuera. Porque he descendido del cielo, no para hacer mi voluntad, sino la voluntad del que me envió. Y esta es la voluntad del Padre, el que me envió: Que de todo lo que me diere, no pierda yo nada, sino que lo resucite en el día postrero. Y esta es la voluntad del que me ha enviado: Que todo aquél que ve al Hijo, y cree en él, tenga vida eterna; y yo le resucitaré en el día postrero...

Ninguno puede venir a mí, si el Padre que me envió no le trajere; y yo le resucitaré en el día postrero...

Porque Jesús sabía desde el principio quiénes eran los que no creían, y quién le había de entregar. Y dijo: Por eso os he dicho que ninguno puede venir a mí, si no le fuere dado del Padre...

Con amor eterno te he amado; por tanto, te prolongué mi misericordia.

Pasaje bíblico:
Juan 6:35,37-40,44,64b-65;
Jeremías 31:3b (RV1960)

Notas

MOMENTO DE DECISIÓN

Afirmar que tu experiencia de conversión es una decisión por Cristo no expresa la verdadera idea de la cuestión. Estamos de acuerdo en que has tomado una decisión basada en tu libre albedrío, y también es cierto que podrías haber escogido una opción diferente.

Si lo vemos en perspectiva (desde la perspectiva divina), tu decisión de seguir a Jesús deja de ser un paso audaz de tu parte para ser una victoria aplastante de parte de Dios.

Él es el creador de todo lo que se refiere a ti. Lo planificó en su mente. Te colocó en determinado espacio y tiempo. Ha estado disponiendo cuidadosamente personas, situaciones y hechos en tu vida. Mientras tanto, agitaba frenéticamente los brazos frente a tu rostro en una súplica para que miraras hacia atrás. Él deseaba hacerte ver la cruz, para que conocieras ese amor que pagó hasta el último céntimo de tu abultada y creciente cuenta de pecados. Lo hizo para que experimentes la libertad, el gozo, la paz y el placer que jamás hayas siquiera imaginado.

Parece como si tu decisión más difícil fue tratar de decir que "no" durante tanto tiempo.

"¿Cómo podría yo haber tenido la iniciativa? Si Shakespeare y Hamlet hubieran podido encontrarse alguna vez, habría sido gracias a Shakespeare."

C. S. Lewis

AVANCEMOS *Antes de avanzar demasiado en el camino de la vida cristiana, debes observar tu vida con sumo detalle y analizar cómo llegaste hasta aquí y en estas condiciones.*

Recuerda tus raíces

El surgimiento y la caída del hombre

Dios creó al hombre a su imagen. Sin embargo, inmediatamente pensamos que podríamos haber mejorado el diseño.

Y la serpiente era más astuta que cualquiera de los animales del campo que el SEÑOR Dios había hecho. Y dijo a la mujer: ¿Conque Dios os ha dicho: "No comeréis de ningún árbol del huerto"?

Y la mujer respondió a la serpiente: Del fruto de los árboles del huerto podemos comer; pero del fruto del árbol que está en medio del huerto, ha dicho Dios: "No comeréis de él, ni lo tocaréis, para que no muráis."

Y la serpiente dijo a la mujer: Ciertamente no moriréis.

Cuando la mujer vio que el árbol era bueno para comer, y que era agradable a los ojos, y que el árbol era deseable para alcanzar sabiduría, tomó de su fruto y comió; y dio también a su marido que estaba con ella, y él comió.

Entonces fueron abiertos los ojos de ambos, y conocieron que estaban desnudos; y cosieron hojas de higuera y se hicieron delantales.

Y oyeron al SEÑOR Dios que se paseaba en el huerto al fresco del día; y el hombre y su mujer *se escondieron de la presencia del SEÑOR Dios entre los árboles del huerto.*

Pasaje bíblico:
Génesis 3:1-4,6-8 (LBLA)

Notas

MOMENTO DE DECISIÓN

Te presento a los personajes más inútiles de tu árbol genealógico espiritual. Se los conoce con los nombres de Adán y Eva. Son los responsables de haberte alejado de tus raíces. Si bien nosotros, en su lugar, no hubiéramos actuado de manera distinta, la caída en el engaño por parte de Adán y Eva tuvo un costo mucho mayor que la sencilla pérdida de un hogar agradable y acogedor en el Edén. El costo fue lo que toda la raza humana pudo haber sido según los planes de Dios.

Fue a causa del pecado, o de la caída que la humanidad rechazó su lugar original de perfección, el que le corresponde por derecho, donde mantenía plena comunión con Dios. Así fue que la raza humana aterrizó de manera brusca en un territorio desconocido, remoto, oscuro, a miles de kilómetros del hogar, y quedó espiritualmente envilecida e irremediablemente perdida, sin esperanza.

"La Biblia permite que la gente resuelva el dilema que tiene por delante. De esa manera comprende tanto su grandeza como su crueldad."

Francis Schaeffer

Desde entonces, el hombre ha buscado redescubrir su valía perdida, comprender la razón de su deseo innato de superación y disfrutar de una relación con un Dios infinitamente poderoso; sin embargo, siempre ha fracasado de modo miserable. Existe un solo camino de regreso al hogar y ya lo encontraste. Estás frente a Jesucristo.

AVANCEMOS *Tu humanidad caída ha sido restituida a su sitio junto al Padre celestial por medio del sacrificio de la cruz. Entonces... ¿por qué no siempre lo sentimos así?*

Héroe o villano

El nuevo y el viejo hombre

Esto es una guerra y tú te encuentras en el medio. Elegir tu bando será una batalla diaria.

Porque lo que hago, no lo entiendo; porque no practico lo que quiero *hacer,* sino que lo que aborrezco, eso hago. Y si lo que no quiero *hacer,* eso hago, estoy de acuerdo con la ley, *reconociendo* que es buena. Así que ya no soy yo el que lo hace, sino el pecado que habita en mí.

Porque yo sé que en mí, es decir, en mi carne, no habita nada bueno; porque el querer está presente en mí, pero el hacer el bien, no. Pues no hago el bien que deseo, sino que el mal que no quiero, eso practico.

Y si lo que no quiero *hacer,* eso hago, ya no soy yo el que lo hace, sino el pecado que habita en mí.

Así que, ***queriendo yo hacer el bien***, hallo la ley de que ***el mal está presente en mí.*** Porque en el hombre interior me deleito con la ley de Dios, pero veo otra ley en los miembros de mi cuerpo que hace guerra contra la ley de mi mente, y me hace prisionero de la ley del pecado que está en mis miembros.

¡Miserable de mí! ¿Quién me libertará de este cuerpo de muerte?

Gracias a Dios, por Jesucristo Señor nuestro. Así que yo mismo, por un lado, con la mente sirvo a la ley de Dios, pero por el otro, con la carne, a la ley del pecado.

Pasaje bíblico:

Romanos 7:15-25 (LBLA)

MOMENTO DE DECISIÓN

Notas

Cuando permitiste que Jesús ingresara a tu mundo, Él restituyó el aporte sanguíneo a tu espíritu, esa parte de tu ser que fue vapuleada y dada por muerta por esos matones llamados pecado y engaño. Jesús te ha dado un corazón nuevo con garantía de plena protección contra el castigo del infierno y contra la muerte temible e implacable. Te ha entregado su Espíritu, el Espíritu Santo, para darte una nueva manera de pensar, una conciencia renovada de la presencia de Dios y una promesa de que algún día tu fe recibirá como recompensa un boleto de ida al paraíso.

Pero cuidado con el que todavía anda rondando por ahí. Puede que tu corazón ya esté en el cielo, pero Dios ha dejado tus pies sobre la tierra, donde la persona que solías ser, todavía opina sobre tus decisiones y te recuerda lo divertido que era antes.

Que la guerra civil que se desatará en tu corazón no te sorprenda. Te sentirás desgarrado, dividido, tironeado entre Dios a quien amas y las tentaciones que todavía saben cómo manipularte. Tu naturaleza pecadora será vencida, pero no sin oponer resistencia. Tienes que estar preparado, pues tiene puntos débiles.

> **"Dios ya no me da miedo. Sin embargo, comprendo que yo soy quien genera mis propios problemas."**
>
> **Watchman Nee**

AVANCEMOS *Los malos hábitos no se desvanecen de la noche a la mañana, e incluso pueden transformarse en una constante fuente de frustración y, en ciertos casos, hasta de una recaída. ¿Cuándo llega, entonces, la victoria?*

Poder de tu lado

Tu plena suficiencia en Cristo

No debemos subestimar la lucha de la vida cristiana. Tampoco el poder con el que Dios nos reviste.

Pido que el Dios de nuestro Señor Jesucristo, el Padre glorioso, les dé el Espíritu de sabiduría y de revelación, para que lo conozcan mejor. Pido también que les sean iluminados los ojos del corazón para que sepan a qué esperanza él los ha llamado, cuál es la riqueza de su gloriosa herencia entre los santos, y cuán incomparable es la grandeza de su poder a favor de los que creemos…

Le pido que, por medio del Espíritu y con el poder que procede de sus gloriosas riquezas, los fortalezca a ustedes en lo íntimo de su ser, para que por fe Cristo habite en sus corazones.

Y pido que, arraigados y cimentados en amor, puedan comprender, junto con todos los santos, cuán ancho y largo, alto y profundo es el amor de Cristo; en fin, que conozcan ese amor que sobrepasa nuestro conocimiento, ***para que sean llenos de la plenitud de Dios.***

Al que puede hacer muchísimo más que todo lo que podamos imaginarnos o pedir, por el poder que obra eficazmente en nosotros, ¡a él sea la gloria en la iglesia y en Cristo Jesús por todas las generaciones, por los siglos de los siglos! Amén.

Pasaje bíblico:

Efesios 1:17-19; 3:16-21 (NVI)

MOMENTO DE DECISIÓN

Notas

Confiar en Dios para que te ayude a superar tus pecados y debilidades suena tan espiritual, ¿no? De igual manera lo es llevar todo ante Dios, permitirle que se haga cargo de tus problemas, dejar tus cargas a los pies del Señor...

Sin embargo, cuando aflora tu mal carácter, o tu apetito sexual desenfrenado, o tu debilidad por la tarta de chocolate, ¿cómo haces para decir que no?

Quizás no lo sabías, pero cuentas con el mismo tipo de poder "que Dios ejerció en Cristo cuando lo resucitó de entre los muertos" (Efesios 1:20, NVI). ¡Sí! ¡En este mismo instante! A medida que enfrentes tus mayores desafíos con las armas de la oración, las verdades bíblicas, la adoración, la gratitud, la responsabilidad y demás estrategias que irás aprendiendo con la experiencia, verás con claridad la trampa del pecado. Vas a poder dejar atrás los malos hábitos que te acompañaron durante años; y tu corazón, que buscaba la satisfacción inmediata, se transformará en un corazón que conoce la fuente de su poder.

"Así como Él nos libró de la esclavitud del pecado, nos dio plena provisión para ser vencedores en nuestra lucha diaria contra el pecado."
Jerry Bridges

AVANCEMOS *Antes de conocer a Cristo te debatías entre tus reacciones instintivas y tu fuerza de voluntad. No creas que la confianza en Dios viene sola. Tienes que prepararte para enfrentar una etapa de prueba que te servirá de aprendizaje.*

Un paso a la vez

Cómo aprender a caminar con Dios

Al igual que mudarse a otra ciudad o cambiar de empleo, aprender a pensar como cristiano lleva su tiempo.

Por tanto, desechando toda malicia y todo engaño, e hipocresías, envidias y toda difamación, desead como niños recién nacidos, la leche pura de la palabra, para que por ella crezcáis para salvación, si *es que* habéis probado la benignidad del Señor.

Y viniendo a El como a una piedra viva, desechada por los hombres, pero escogida y preciosa delante de Dios, también vosotros, como piedras vivas, sed edificados como casa espiritual para un sacerdocio santo, para ofrecer sacrificios espirituales aceptables a Dios por medio de Jesucristo...

Porque todo el que toma *sólo* leche, no está acostumbrado a la palabra de justicia, porque es niño. Pero el alimento sólido es para los adultos, los cuales por la práctica tienen los sentidos ejercitados para discernir el bien y el mal.

Por tanto, dejando las enseñanzas elementales acerca de Cristo, avancemos hacia la madurez, no echando otra vez el fundamento del arrepentimiento de obras muertas y de la fe hacia Dios, de la enseñanza sobre lavamientos, de la imposición de manos, de la resurrección de los muertos y del juicio eterno...

Antes bien, creced en la gracia y el conocimiento de nuestro Señor y Salvador Jesucristo.

Pasaje bíblico:

1 Pedro 2:1-5;
Hebreos 5:13-6:2;
2 Pedro 3:18a (LBLA)

MOMENTO DE DECISIÓN

Nadie ingresa a la vida cristiana siendo jefe. Así como hay un solo camino para entrar, es decir creer en Jesucristo y en su muerte redentora en la cruz, hay un solo camino para crecer. Y se comienza desde abajo.

Sin embargo, no hay que preocuparse. No es nada aburrido ser el cadete, el aprendiz o el personal auxiliar en la vida cristiana, al menos por dos razones:

- Satanás, tu enemigo, sabe que tu fuego interior brilla con intensidad. Sabe también que eres vulnerable a sufrir una recaída, porque hoy en día es difícil poder concentrarse por mucho tiempo en una cosa o mantenerse fiel a un compromiso. Él cuenta con muchas tentaciones para esgrimir una vez que la novedad desaparece.
- Por otro lado, Dios te promete un ascenso seguro si estás dispuesto a entregarte de lleno a su plan de entrenamiento a través de un compromiso con la Palabra, con la iglesia, con su enseñanza probada de aspirar a cosas grandes siendo fiel en las pequeñas. Ya desde los inicios podrás experimentar nuevas bendiciones y fabulosos descubrimientos que surgirán por doquier. No existe nadie más junto a quien puedas disfrutar de un gozo semejante.

"No existe una mejor manera de vivir la vida que en una continua comunión con Dios. Solo los que la hayan experimentado pueden entenderlo."

Hermano Lorenzo

AVANCEMOS *Antes de iniciarse en un nuevo empleo, uno tiene que saber quién manda. No solo necesitamos saber quién es, sino cómo es, qué pretende y cómo desea que lo traten.*

Notas

Como un niño

Ver a Dios como Padre

A Dios se lo conoce con varios nombres que describen su naturaleza y su personalidad. Sin embargo, podemos llamarlo simplemente "Papá".

Pero a todos los que le recibieron, les dio el derecho de llegar a ser hijos de Dios, *es decir,* a los que creen en su nombre, que no nacieron de sangre, ni de la voluntad de la carne, ni de la voluntad del hombre, sino de Dios...

Porque todos los que son guiados por el Espíritu de Dios, los tales son hijos de Dios... El Espíritu mismo da testimonio a nuestro espíritu de que somos hijos de Dios, y si hijos, también herederos; herederos de Dios y coherederos con Cristo, si en verdad padecemos con *El* a fin de que también seamos glorificados con *El*...

¿O qué hombre hay entre vosotros que *si* su hijo le pide pan, le dará una piedra, o si le pide un pescado, le dará una serpiente? Pues si vosotros, siendo malos, sabéis dar buenas dádivas a vuestros hijos, ¿cuánto más vuestro Padre que está en los cielos dará cosas buenas a los que le piden?...

Toda buena dádiva y todo don perfecto viene de lo alto, desciende del Padre de las luces, con el cual no hay cambio ni sombra de variación. En el ejercicio de su voluntad, El nos hizo nacer por la palabra de verdad, para que fuéramos las primicias de sus criaturas.

Pasaje bíblico:

Juan 1:12-13;

Romanos 8:14,16-17;

Mateo 7:9-11;

Santiago 1:17-18 (LBLA)

MOMENTO DE DECISIÓN

Notas

Cuando Dios quiso explicar su amor eterno de manera que nos resultara comprensible, se comparó con la imagen bíblica de un Padre; pero no esa clase de padre que te anda sermoneando por tu cuarto desordenado o que golpea con fuerza el tablero del auto cada vez que cambias de carril. Tampoco es el tipo de padre que vive atado a su trabajo o al que tan solo puedes ver de la cintura para abajo porque está perdido detrás del periódico, completamente indiferente a lo que para ti es importante.

No es tampoco un abuelo que te adora y te malcría, que reparte su dinero sin sentido para que te hartes de comer caramelos y chicles. Este Padre que te pide que camines a su lado te exigirá más que nadie: tu vida, por el privilegio de un trato personal con el Dios del universo. A cambio recibirás un amor íntegro e incondicional, tan sincero y puro, tan abundante en misericordia y lleno de paciencia, que vas a querer agradarle y que se sienta orgulloso de ti. Querrás encontrar la manera de vivir continuamente junto a su tierna sonrisa.

"Dios va a encontrar la manera de hacer que sus hijos perciban su amor divino y conozcan el privilegio y la seguridad de ser miembros de su familia."

J. I. Packer

AVANCEMOS *No solo puedes disfrutar de la estrecha relación personal con Dios el Padre. En tu nueva familia adoptiva encontrarás un hermano mayor a quien ansiarás imitar.*

¿Qué haría Jesús?

Piensa con la mente de Cristo

¿Qué haría Jesús? Si de veras quieres que Cristo cambie tu vida, seguramente te lo preguntarás a menudo.

La actitud de ustedes debe ser como la de Cristo Jesús, quien siendo por naturaleza Dios, no consideró el ser igual a Dios como algo a qué aferrarse. Por el contrario, se rebajó voluntariamente, tomando la naturaleza de siervo y haciéndose semejante a los seres humanos.

Y al manifestarse como hombre, se humilló a sí mismo y se hizo obediente hasta la muerte, ¡y muerte de cruz!

Por eso Dios lo exaltó hasta lo sumo y le otorgó el nombre que está sobre todo nombre, para que ante el nombre de Jesús se doble toda rodilla en el cielo y en la tierra y debajo de la tierra, y toda lengua confiese que Jesucristo es el Señor, para gloria de Dios Padre…

Por tanto, imiten a Dios, como hijos muy amados, y lleven una vida de amor, así como Cristo nos amó y se entregó por nosotros como ofrenda y sacrificio fragante para Dios… *Porque ustedes antes eran oscuridad, pero ahora son luz en el Señor…*

No se amolden al mundo actual, sino sean transformados mediante la renovación de su mente. Así podrán comprobar cuál es la voluntad de Dios, buena, agradable y perfecta.

Pasaje bíblico:

Filipenses 2:5-11;
Efesios 5:1-2,8a;
Romanos 12:2 (NVI)

Notas

MOMENTO DE DECISIÓN

La muerte de Cristo en la cruz hizo mucho más que eliminar tus antecedentes penales y limpiar tu nombre ante el Juez. Cuando aceptaste su muerte también aceptaste su vida. Y al hacerlo, te apropiaste de las semillas de una nueva personalidad. Él comenzó a formarla en tu interior cuando permitiste que sus palabras divinas se hagan tuyas, y comenzaste a adoptar su naturaleza de pureza, confianza y humildad, desplazando así esa enorme cantidad de egoísmo que estuviste acumulando durante todos estos años.

Cristo ha venido a poner la casa en orden, a limpiar, a embolsar la basura, a ventilar para que penetre la brisa fresca de la perspectiva divina y para permitir que la luz reveladora de su Palabra brille en cada rincón de tu vida.

A medida que Él comience a obrar en tus experiencias diarias, no solo empezarás a actuar a su manera, sino también a pensar como Él piensa, e incluso a sentirte mal ante la visión de tu propia infidelidad. Serás renovado hasta que solo busques tus emociones en las aguas de la obediencia cristiana, las únicas que sacian, y hasta que pases tus decisiones cotidianas por el tamiz de su divino amor desinteresado.

> **"Dios quiere liberarnos de la manera de pensar del mundo. Cuando pensamos como Él, somos libres de las ataduras de Satanás."**
>
> **T. W. Hunt**

AVANCEMOS *Una vez que has conocido el amor del Padre y has sentido el abrazo transformador del Hijo, puedes abrir tu vida a la dulce presencia y protección del Espíritu Santo.*

Información de adentro

Cómo vivir en el Espíritu

Cuando el Espíritu del Dios vivo habita en tu interior eres más sabio de lo que crees.

Pero cuando venga el Espíritu de verdad, él os guiará a toda la verdad; porque no hablará por su propia cuenta, sino que hablará todo lo que oyere, y os hará saber las cosas que habrán de venir. El me glorificará; porque tomará de lo mío, y os lo hará saber…

Porque el Espíritu todo lo escudriña, aun lo profundo de Dios. Porque ¿quién de los hombres sabe las cosas del hombre, sino el espíritu del hombre que está en él? Así tampoco nadie conoció las cosas de Dios, sino el Espíritu de Dios.

Y nosotros no hemos recibido el espíritu del mundo, sino el Espíritu que proviene de Dios, *para que sepamos lo que Dios nos ha concedido*, lo cual también hablamos, no con palabras enseñadas por sabiduría humana, sino con las que enseña el Espíritu, acomodando lo espiritual a lo espiritual.

Pero el hombre natural no percibe las cosas que son del Espíritu de Dios, porque para él son locura, y no las puede entender, porque se han de discernir espiritualmente.

En cambio el espiritual juzga todas las cosas; pero él no es juzgado de nadie.

Pasaje bíblico:

Juan 16:13-14;
1 Corintios 2:10b-15 (RV1960)

MOMENTO DE DECISIÓN

Notas

Esa oleada de alivio reconfortante que experimentaste cuando decidiste dejar atrás tu pecado y poner tu vida en las manos de Jesucristo, era el Espíritu Santo de Dios que irrumpió en tu corazón y te llenó del poder de la vida eterna. La Biblia dice: "habiendo creído, fuisteis sellados en El [en Dios] con el Espíritu Santo de la promesa, que nos es dado como garantía de nuestra herencia..." (Efesios 1:13b-14, LBLA). Es como una especie de seña o prenda por la casa que Dios está edificando para ti en el cielo.

"Nadie enaltece a Cristo como el Espíritu Santo. Su deseo más profundo es revelar a Jesucristo a los seres humanos."

R. A. Torrey

Recién allí podremos captar totalmente lo que significa nuestra salvación y comprenderemos los motivos por los cuales tuvimos que atravesar momentos difíciles en este mundo. Quizás hasta descubramos cómo Dios nos abrió un paso en nuestro mar Rojo o por qué decidió darnos una nariz prominente.

Mientras tanto, Dios nos ha dado su Espíritu para que no dependamos de nuestro conocimiento y nuestras vagas observaciones sobre las cuestiones espirituales, y así poder agradarle, comprender sus planes y disponernos a servirle con poder y libertad.

AVANCEMOS *Por cierto... junto con el regalo del Espíritu Santo, recibimos un paquete extra, hecho a medida, que contiene los dones espirituales. Son los que proyectarán tus habilidades naturales hasta límites desconocidos.*

¿Yo hice eso?

Dones espirituales

Antes de conocer a Dios ya contabas con un puñado de talentos... ¡Mírate ahora!

Pero a cada uno de nosotros se nos ha dado gracia en la medida en que Cristo ha repartido los dones...

Él mismo constituyó a unos, apóstoles; a otros, profetas; a otros, evangelistas; y a otros, pastores y maestros, a fin de capacitar al pueblo de Dios para la obra de servicio, para edificar el cuerpo de Cristo. De este modo, todos llegaremos a la unidad de la fe y del conocimiento del Hijo de Dios, a una humanidad perfecta que se conforma a la plena estatura de Cristo...

Por su acción todo el cuerpo crece y se edifica en amor, sostenido y ajustado por todos los ligamentos, según la actividad propia de cada miembro...

Tenemos dones diferentes, según la gracia que se nos ha dado. Si el don de alguien es el de profecía, que lo use en proporción con su fe; si es el de prestar un servicio, que lo preste; si es el de enseñar, que enseñe; si es el de animar a otros, que los anime; si es el de socorrer a los necesitados, que dé con generosidad; si es el de dirigir, que dirija con esmero; si es el de mostrar compasión, que lo haga con alegría...

Todo esto lo hace un mismo y único Espíritu, quien reparte a cada uno según él determina.

Pasaje bíblico:

Efesios 4:7,11-13,16;
Romanos 12:6-8;
1 Corintios 12:11 (NVI)

Notas

MOMENTO DE DECISIÓN

Dios te creó con un conjunto de habilidades naturales innatas: las cosas que te resulta sencillo hacer. Puede ser una hermosa voz o una facilidad especial para la caligrafía. Quizás seas idóneo para los números o puedas reparar cualquier cosa que tenga ruedas. Has puesto en práctica tus habilidades y las has perfeccionado. Sin embargo, la materia prima y el conocimiento ya habían sido incluidos en tu persona. Son regalos divinos, en el sentido pleno de la palabra.

Ahora que eres cristiano, Dios te ha dado un juego completo y adicional de dones: los dones espirituales, para que los desarrolles en la función vital que Él te ha dado en su iglesia. Así como tus capacidades naturales determinaron tu profesión, tus pasatiempos favoritos o tus materias preferidas en el colegio, de la misma manera los dones espirituales están destinados a fomentar tu ministerio. Te capacitan de manera extraordinaria para dar, consolar, animar o hablar con valentía. No ocuparán el lugar de lo que sabes hacer bien sino que te abrirán las puertas de nuevas oportunidades y responsabilidades, para que llegues a ser lo que Dios planeó que fueras.

> **"Cada miembro del cuerpo de Cristo tiene el potencial de ser un representante de Jesucristo plenamente capacitado. Por lo tanto debe ser guiado y alimentado para lograrlo."**
>
> **Jack Hayford**

AVANCEMOS *Dios te ha entregado un regalo indescriptible y la maravillosa vivencia de experimentar su poder, pero el cristianismo no es solo recibir. ¿Estás listo para dar?*

Calcular el costo

El alto precio de la entrega

Dios es amor, paz, gozo y contentamiento, es Alguien a quien debemos tomar con seriedad. Tenlo en cuenta.

El que no carga su cruz y viene en pos de mí, no puede ser mi discípulo.

Porque, ¿quién de vosotros, deseando edificar una torre, no se sienta primero y calcula el costo, para ver si tiene *lo suficiente* para terminarla? No sea que cuando haya echado los cimientos y no pueda terminar, todos los que lo vean comiencen a burlarse de él, diciendo: "Este hombre comenzó a edificar y no pudo terminar."

¿O qué rey, cuando sale al encuentro de otro rey para la batalla, no se sienta primero y delibera si con diez mil *hombres* es *bastante* fuerte como para enfrentarse al que viene contra él con veinte mil? Y si no, cuando el otro todavía está lejos, le envía una delegación y pide condiciones de paz.

Así pues, cualquiera de vosotros que no renuncie a todas sus posesiones, no puede ser mi discípulo.

Por tanto, buena es la sal, pero si también la sal ha perdido su sabor, ¿con qué será sazonada?...

Si alguno quiere venir en pos de mí, niéguese a sí mismo, tome su cruz cada día y sígame. Porque el que quiera salvar su vida, la perderá, pero el que pierda su vida por causa de mí, ése la salvará.

Pasaje bíblico:

Lucas 14:27-34; 9:23-24 (LBLA)

MOMENTO DE DECISIÓN

Notas

Ser cristiano abarca todo: lo que eres y lo que tienes. Por esa razón, las personas más tristes y deprimidas del mundo son los cristianos que no están dispuestos a vivir esta verdad.

La iglesia los hace sentir incómodos porque los confronta con su pecado. Y el pecado incomoda porque el Espíritu le ha quitado esa sensación divertida que producía la falta de sentimiento de culpa. Relacionarse con los hermanos los incomoda, porque cuesta llevar adelante una vida siendo cristiano en un lugar y pagano en otro. El llamado de Dios se agita en el corazón de esas personas, pero el llamado del mundo susurra con voz más fuerte. De esa manera, con un pie en cada lado, experimentan la peor parte de cada uno: las vanas promesas del pecado y el dolor persistente de una conciencia alerta.

"Dios nunca nos dice que dejemos cosas por el simple hecho de abandonarlas. Lo dice para que conservemos solo lo que realmente vale la pena."
Oswald Chambers

¡Qué increíble! Pensar que creyeron que andar en los caminos de Dios era difícil...

El camino de la vida es angosto y a veces empinado, pero la vista es estupenda Las experiencias son inolvidables, y quienes deciden andar por ese camino cumplen todos los deseos de su corazón.

Absolutamente todos.

AVANCEMOS *Muchas disciplinas básicas y cotidianas de la vida cristiana te resultarán un nuevo desafío, pero acéptalas con agrado. Son preciadas conductas espirituales que jamás pasarán de moda.*

Parte 2

Los fundamentos

La verdadera libertad no se obtiene al ignorar las leyes sino al obedecerlas estrictamente de forma tal que se cumplan de manera automática. Así como un gran músico de una orquesta sinfónica no saltea perezosamente sus prácticas sino que perfecciona lo básico hasta llegar a dominar los fundamentos, solo si actúas de la misma manera experimentarás libertad en tu vida cristiana. Será cuando tus reacciones sean semejantes a las de Dios, y hagas tuya su divina voluntad.

Citas y encuentros

Separar un tiempo para estar con Dios

Los momentos compartidos a solas con Dios son el mejor fundamento del día de un cristiano.

Escucha, oh Jehová, mis palabras; considera mi gemir. Está atento a la voz de mi clamor, Rey mío y Dios mío, porque a ti oraré.

Oh Jehová, de mañana oirás mi voz; de mañana me presentaré delante de ti, y esperaré.

Porque tú no eres un Dios que se complace en la maldad; el malo no habitará junto a ti.

Los insensatos no estarán delante de tus ojos; aborreces a todos los que hacen iniquidad. Destruirás a los que hablan mentira; al hombre sanguinario y engañador abominará Jehová. Mas yo por la abundancia de tu misericordia entraré en tu casa; adoraré hacia tu santo templo en tu temor.

Guíame, Jehová, en tu justicia, a causa de mis enemigos; endereza delante de mí tu camino.

Porque en la boca de ellos no hay sinceridad; sus entrañas son maldad, sepulcro abierto es su garganta, con su lengua hablan lisonjas...

Pero alégrense todos los que en ti confían; den voces de júbilo para siempre, porque tú los defiendes; en ti se regocijen los que aman tu nombre.

Porque tú, oh Jehová, bendecirás al justo; como con un escudo lo rodearás de tu favor.

Pasaje bíblico:

Salmo 5:1-9,11-12 (RV1960)

Notas

MOMENTO DE DECISIÓN

No creas que te será fácil tener un tiempo íntimo con Dios (un devocional) todos los días. Cuando observes que Satanás lucha para evitar que hagas algo, generalmente podrás reconocer que ese algo es importante para tu vida cristiana.

Lo que necesitas para crecer espiritualmente es ese hábito adquirido en la infancia, y no con poco esfuerzo, de comenzar cada día con tu cabeza en las nubes... en la nube de la presencia de Dios.

Jesús lo hizo. La Biblia dice que Él "solía retirarse a lugares solitarios para orar" (Lucas 5:16, NVI). "Muy de madrugada, cuando todavía estaba oscuro, Jesús se levantó, salió de la casa y se fue a un lugar solitario." (Marcos 1:35, NVI). Eso no significa que tu tiempo para estar a solas con Dios deba ser a la mañana. Sin embargo, muchos hemos comprobado que posponerlo hasta la noche hace que ya no lo realicemos, o que en vez de ser un momento de relación reconfortante y lealtad renovada, sea un recuento lamentable y desalentador de los enredos del día.

"Si tu primer encuentro del día es con el Señor, estarás encaminado en la senda correcta para todo lo que haya de venir."

Elisabeth Elliot

Uno se hace tiempo para las cosas importantes. Esta es la más importante de todas.

AVANCEMOS *Espero que estés listo para apartar un tiempo en tu día para disfrutar de tu encuentro personal con Dios, pero... ¿cómo piensas usarlo?*

El libro de los libros

Lee tu Biblia

El camino más seguro hacia el corazón de Dios es por medio de su Palabra. Si comienzas por allí, jamás te equivocarás.

La ley del SEÑOR es perfecta, que restaura el alma; el testimonio del SEÑOR es seguro, que hace sabio al sencillo.

Los preceptos del SEÑOR son rectos, que alegran el corazón; el mandamiento del SEÑOR es puro, que alumbra los ojos.

El temor del SEÑOR es limpio, que permanece para siempre; los juicios del SEÑOR son verdaderos, todos ellos justos; deseables más que el oro; sí, *más* que mucho oro fino…

Tú, sin embargo, persiste en las cosas que has aprendido y *de las cuales* te convenciste, sabiendo de quiénes *las* has aprendido; y que desde la niñez has sabido las Sagradas Escrituras, las cuales te pueden dar la sabiduría que lleva a la salvación mediante la fe en Cristo Jesús.

Toda Escritura es inspirada por Dios y útil para enseñar, para reprender, para corregir, para instruir en justicia, a fin de que el hombre de Dios sea perfecto, equipado para toda buena obra…

Porque la palabra de Dios es viva y eficaz, y más cortante que cualquier espada de dos filos; penetra hasta la división del alma y del espíritu, de las coyunturas y los tuétanos, y *es poderosa* para discernir los pensamientos y las intenciones del corazón.

Pasaje bíblico:

Salmo 19:7-10a;
2 Timoteo 3:14-17;
Hebreos 4:12 (LBLA)

MOMENTO DE DECISIÓN

La Biblia es un libro grande, ¿verdad? Y si, como sería lógico, comienzas a leerlo desde la primera página con el propósito de avanzar de corrido hasta el final, probablemente te quedes empantanado en algún lugar de Levítico o Números, sin comprender qué influencia tiene para tu vida el ritual de purificación de la lepra.

Por eso te aconsejo que comiences tu lectura en uno de los libros de la Biblia que habla de los fundamentos, como el Evangelio de Juan o la carta del apóstol Pablo a los Romanos, los Salmos o los Proverbios. Si quieres avanzar más, puedes recorrer el Nuevo Testamento desde Mateo. Lee todo lo que puedas, pero solo mientras entiendas. No temas leer solo uno o dos versículos por día si los riegas con abundante oración, para que Dios los use a fin de que su verdad resplandezca en tu vida.

A medida que leas, descubrirás diferentes aspectos de la naturaleza de Dios además de una comprensión renovada del mensaje total de la Biblia. De a poco, pero más rápido de lo que crees, irás desarrollando una mente que piense como Dios, porque sabrás lo que Dios dice.

Notas

> **"La Biblia nos da vida y esperanza para que la tierra se parezca al cielo, y hace que nuestros corazones y hogares sean morada de Cristo."**
> **A. T. Robertson**

AVANCEMOS *Si lo único que haces con la Biblia es leerla, corres el riesgo de olvidar mucho de lo que has leído. Debes reflexionar en ella para que penetre en lo profundo de tu ser.*

Que penetre en tu mente

Memorizar las Escrituras

Todo el mundo cree que memorizar versículos es muy difícil y trabajoso. No es cierto.

¿Cómo puede el joven llevar una vida íntegra? Viviendo conforme a tu palabra.

Yo te busco con todo el corazón; no dejes que me desvíe de tus mandamientos.

En mi corazón atesoro tus dichos para no pecar contra ti…

Con mis labios he proclamado todos los juicios que has emitido.

Me regocijo en el camino de tus estatutos más que en todas las riquezas. En tus preceptos medito, y pongo mis ojos en tus sendas. En tus decretos hallo mi deleite, y jamás olvidaré tu palabra… Tus decretos han sido mis cánticos en el lugar de mi destierro. Señor, por la noche evoco tu nombre: ¡quiero cumplir tu ley!… Si tu ley no fuera mi regocijo, la aflicción habría acabado conmigo. Jamás me olvidaré de tus preceptos, pues con ellos me has dado vida. ¡Sálvame, pues te pertenezco y escudriño tus preceptos!…

Tus promesas han superado muchas pruebas, por eso tu siervo las ama… He caído en la angustia y la aflicción, pero tus mandamientos son mi regocijo.

Pasaje bíblico:

Salmo 119:9-11,13-16,54-55, 92-94,140,143 (NVI)

Notas

MOMENTO DE DECISIÓN

Siempre memorizamos algo: la letra de una canción, las nominaciones al premio Oscar o la tabla de posiciones de nuestro equipo de fútbol favorito. Siempre vamos a prestar atención a algún aspecto de la vida que nos resulta interesante, de manera que sabremos hasta el mínimo detalle.

¿Qué cosa sabremos? El año que viene a esta fecha apenas si podrás recordar quién jugó la final de la NBA, si bien en su momento te pareció algo tan importante. Te vas a olvidar de quiénes fueron los candidatos a senadores en las últimas elecciones, si bien no dejaste de leer afanosamente todos los artículos que aparecieron sobre el tema. Ni siquiera recordarás la trama de aquel programa de televisión que te mantuvo despierto varias noches imaginando el desenlace.

"Una de las razones fundamentales para estudiar la Biblia es darle a Dios la Palabra que nos traerá a la memoria cuando lo necesitamos."
Evelyn Christenson

"Pero el Consolador, el Espíritu Santo, a quien el Padre enviará en mi nombre, El os enseñará todas las cosas, y os recordará todo lo que os he dicho" (Juan 14:26, LBLA). Si en lugar de atiborrar nuestra mente de hechos intrascendentes, la llenamos de palabras de vida, vendrá a nuestra memoria la palabra justa para cada situación.

AVANCEMOS *Mientras haces que la Biblia sea un ingrediente básico de tu dieta diaria, la oración introducirá tu vida en una relación continua con Dios que perdurará a lo largo del día.*

En todo tiempo y lugar

La oración

Desarrollar una actitud de oración te permitirá ser un poderoso guerrero en vez de un viajero sin rumbo.

Y les refería *Jesús* una parábola para enseñar*les* que ellos debían orar en todo tiempo, y no desfallecer, diciendo: Había en cierta ciudad un juez que ni temía a Dios ni respetaba a hombre alguno. Y había en aquella ciudad una viuda, la cual venía a él *constantemente,* diciendo: "Hazme justicia de mi adversario."

Por algún tiempo él no quiso, pero después dijo para sí: "Aunque ni temo a Dios, ni respeto a hombre alguno, sin embargo, porque esta viuda me molesta, le haré justicia; no sea que por venir continuamente me agote la paciencia."

Y el Señor dijo... ¿Y no hará Dios justicia a sus escogidos, que claman a El día y noche? ¿Se tardará mucho en responderles? Os digo que pronto les hará justicia...

Y esta es la confianza que tenemos delante de El, que ***si pedimos cualquier cosa conforme a su voluntad, El nos oye.*** Y si sabemos que El nos oye *en* cualquier cosa que pidamos, sabemos que tenemos las peticiones que le hemos hecho...

Pedid, y se os dará; buscad, y hallaréis; llamad, y se os abrirá.

Pasaje bíblico:

Lucas 18:1-8a; 1 Juan 5:14-15; Mateo 7:7 (LBLA)

MOMENTO DE DECISIÓN

Notas

Si se nos incendia la casa o nos sorprende una tormenta en medio de un lago, recurrimos naturalmente a la oración. Los que solo llaman a Dios ante las emergencias se pierden el sencillo placer de conversar con Él en cualquier momento (ya sea de día o de noche, un fin de semana o en las vacaciones) y de abrir el corazón ante alguien que siempre tiene tiempo para escucharnos.

La oración abarca muchas cosas y puede adoptar diferentes formas. Puede ser leer o decir en voz alta un versículo bíblico que agradezca a Dios por su misericordia o que nos recuerde su santa fidelidad. También puede ser mencionar una lista de familiares y amigos que necesitan un toque especial de parte de Dios. Puede tratarse de un pedido o una alabanza, una sonrisa o una lágrima. Quizás con los ojos cerrados o tal vez abiertos. Es un momento para estar solos: tú y Él.

"El poder del mundo eterno está a los pies de la oración. Es la esencia de la verdadera religión, el canal de todas las bendiciones."

Andrew Murray

Practica la oración, aun cuando todo parezca ir bien o cuando creas tener todo bajo control. Mientras estés en oración, Él te llevará de la mano hasta su divina presencia y estará a tu lado todo el tiempo, en cada uno de tus pasos.

AVANCEMOS *La oración te ayuda a poner en palabras tus pensamientos y así sentir el amor profundo del Padre. Y si anotas los temas de oración, te aseguras de que queden registrados y no los olvides.*

Registros de tu vida

Llevar un diario

Confía en quienes ya transitaron por este camino. Llevar un registro de tus experiencias será realmente agradable.

Cuando estoy angustiado, recurro al Señor;
sin cesar elevo mis manos por las noches,
pero me niego a recibir consuelo.

Me acuerdo de Dios, y me lamento; medito en él, y desfallezco. No me dejas conciliar el sueño; tan turbado estoy que ni hablar puedo.

Me pongo a pensar en los tiempos de antaño; de los años ya idos me acuerdo.

Mi corazón reflexiona por las noches.

Mi espíritu medita e inquiere: ¿Nos rechazará el Señor para siempre? ¿No volverá a mostrarnos su buena voluntad?

¿Se habrá agotado su gran amor eterno, y sus promesas por todas las generaciones?

¿Se habrá olvidado Dios de sus bondades, y en su enojo ya no quiere tenernos compasión?

Y me pongo a pensar: "Esto es lo que me duele: que haya cambiado la diestra del Altísimo."

Prefiero recordar las hazañas del Señor, traer a la memoria sus milagros de antaño.

Meditaré en todas tus proezas; evocaré tus obras poderosas.

Santos, oh Dios, son tus caminos; ¿qué dios hay tan excelso como nuestro Dios?

Pasaje bíblico:

Salmo 77:2-13 (NVI)

Notas

MOMENTO DE DECISIÓN

Cuando te sientes rebasado por las circunstancias, cuando estás luchando con miles de problemas, resulta difícil imaginar que tal vez pronto no podrás recordar cómo te sientes en este momento o lo duro que fue tomar tal o cual decisión. Resulta imposible pensar en que llegará un día cuando ni te acuerdes de que Dios te salió al encuentro cuando sufrías, rescatándote en el último minuto en una forma que jamás imaginaste.

Sin embargo, ese día llegará. Y también llegará el tiempo en que debas enfrentar un nuevo desafío. Tal vez sea distinto, pero no por eso menos aterrador ni menos complejo que la situación anterior.

Es entonces cuando, con un nudo en la garganta, tomas tu diario personal y vas a esa página que escribiste 3 o 4 años atrás y te sientes transportado a otro tiempo y otro lugar, a otro acontecimiento conflictivo que pareció tremendo en su momento. Prácticamente te habías olvidado de lo que pasaste. Fíjate lo desesperado que estabas. Observa cuánto dolor transmiten tus palabras. Y recuerda la fidelidad de Dios, el mismo Dios que te acompaña en esta dificultad presente. ¿No te hace sentir mejor?

"Al conocer el pasado, podemos hablar con Dios de anhelos puntuales acerca del futuro y determinadas certezas sobre el presente."

Welton Gaddy

AVANCEMOS *La adoración queda tan bien con tu ropa de todos los días como con la dominguera. Alabar a Dios durante el día revestirá tu manera de pensar, de actuar y de sentir.*

Con los ojos puestos en Él

Alabanza y adoración

¿Te gustaría encontrar palabras apropiadas para agradecer a Dios por todo lo que ha hecho por ti? Surgen naturalmente cuando lo adoras.

Bendice, alma mía, al SEÑOR, y *bendiga* todo mi ser su santo nombre.

Bendice, alma mía, al SEÑOR, y no olvides ninguno de sus beneficios. El es el que perdona todas tus iniquidades, el que sana todas tus enfermedades; el que rescata de la fosa tu vida, el que te corona de bondad y compasión; el que colma de bienes tus años, *para que* tu juventud se renueve como el águila…

Compasivo y clemente es el SEÑOR, lento para la ira y grande en misericordia.

No contenderá *con nosotros* para siempre, ni para siempre guardará *su enojo*. No nos ha tratado según nuestros pecados, ni nos ha pagado conforme a nuestras iniquidades.

Porque como están de altos los cielos sobre la tierra, así es de grande su misericordia para los que le temen. Como está de lejos el oriente del occidente, así alejó de nosotros nuestras transgresiones…

Mas la misericordia del SEÑOR es desde la eternidad hasta la eternidad, para los que le temen, y su justicia para los hijos de los hijos, para los que guardan su pacto y se acuerdan de sus preceptos para cumplirlos…

Bendecid al SEÑOR, vosotras todas sus obras, en todos los lugares de su dominio.

Bendice, alma mía, al SEÑOR.

Pasaje bíblico:
Salmo 103:1-5,8-12,17-18,22 (LBLA)

Notas

MOMENTO DE DECISIÓN

Reconozcamos que vivimos centrados en nosotros mismos, ya sea preocupados por el recorte en la bonificación, por conocer cuál será nuestra participación en el proyecto o ansiosos porque nadie nos quite el último trozo de pan de la panera.

Ahí radica la importancia de la adoración en nuestra vida: nos saca de nuestro egocentrismo. Cuando alzamos nuestro rostro para adorar, quitamos la vista del trabajo de nuestras manos y cruzamos el puente hacia ese otro mundo, el espiritual. Allí vemos las cosas tal y como son. Vemos a Dios rodeado de su gloria imponente, en su perfección y con todo lo que nos atañe bajo su control. Podemos ver la fuente de poder que subyace tras nuestras fuerzas, al proveedor de cada centavo, al manantial de toda bendición. Lo vemos a Él, plenamente consciente y pendiente de cada necesidad, dispuesto a salir a nuestro encuentro en el momento exacto en que precisamos una respuesta. Este Dios que nos conoce tanto, también nos ama muchísimo. De haber una cura para el egoísmo, sería el poder que fluye en nosotros cuando nos despojamos de las preocupaciones y de la soberbia para ceder el control de nuestra vida a la grandeza divina.

> **"Cuando estamos revestidos de adoración, nuestra vida diaria en el hogar, en el trabajo o al descansar, toma una nueva dimensión: se eleva a una nueva vida."**
>
> **Robert Webber**

AVANCEMOS *Prepárate para experimentar algo fuera de moda en la loca carrera de la vida moderna: un dulce momento de calma para pensar, leer, orar y profundizar en la presencia de Dios.*

Con paz y en calma

Quietud y meditación

Existe un lugar de calma más allá del zumbido del televisor o del timbre del teléfono. Dios te está reservando un asiento.

Deléitate en el Señor, y él te concederá los deseos de tu corazón.

Encomienda al Señor tu camino; confía en él, y él actuará. Hará que tu justicia resplandezca como el alba; tu justa causa, como el sol de mediodía.

Guarda silencio ante el Señor, y espera en él con paciencia; no te irrites ante el éxito de otros, de los que maquinan planes malvados…

Pero tú, espera en el Señor, y vive según su voluntad, que él te exaltará para que heredes la tierra. Cuando los malvados sean destruidos, tú lo verás con tus propios ojos.

He visto al déspota y malvado extenderse como cedro frondoso. Pero pasó al olvido y dejó de existir; lo busqué, y ya no pude encontrarlo.

Observa a los que son íntegros y rectos: hay porvenir para quien busca la paz.

Pero todos los pecadores serán destruidos; el porvenir de los malvados será el exterminio.

La salvación de los justos viene del Señor; él es su fortaleza en tiempos de angustia.

El Señor los ayuda y los libra; los libra de los malvados y los salva, porque en él ponen su confianza.

Pasaje bíblico:
Salmo 37:4-7,34-40 (NVI)

MOMENTO DE DECISIÓN

Notas

Con la aparición de la Nueva Era, se comenzó a hablar de focalización y de encontrar el centro, y todo ese palabrerío. Esto hizo creer a la gente que la meditación es algo que cierto excéntrico con reminiscencias hippies realiza con comodidad al estar en un show televisivo, pero jamás en la sala de nuestra casa.

El mal uso que algunos hacen de ese don divino no va en desmedro de su importancia. La meditación es una disciplina cristiana muy necesaria. Si buscas un lugar apartado, lejos del periódico y de las presiones laborales, y te detienes a disfrutar de un versículo de las Escrituras; si además permites que el Espíritu Santo traiga a tu mente nuevas enseñanzas, nuevos aspectos de la verdad, nuevas visiones a descubrir, aprenderás a reconocer la voz divina y profundizarás tu relación con Dios.

"Debemos planificar nuestros momentos de soledad. Si no separamos un tiempo para estar con Dios y escucharlo, no estamos tomando la vida cristiana en serio."

Henri Nouwen

No necesitas ir en busca de actividades o distracciones; esas vienen a tu encuentro por sí solas. Y se las arreglan para ocupar cada segundo de tu vida con tanto ruido y acción que te dejan exhausto e insatisfecho. Acércate calmadamente a Dios, medita en su Palabra y disfruta del descanso reparador que tiene para ofrecerte.

AVANCEMOS *Hasta aquí vamos bien. El próximo paso de crecimiento en la vida cristiana es ser un libro abierto ante Dios, y que nada se interponga.*

Al descubierto

Confesión y arrepentimiento

Nadie espera que seas perfecto, pero cuando admites tus errores, estás más cerca de lograrlo.

El que encubre sus pecados no prosperará; mas el que los confiesa y se aparta alcanzará misericordia.

Bienaventurado el hombre que siempre teme a Dios; mas el que endurece su corazón caerá en el mal...

Si decimos que tenemos comunión con él, y andamos en tinieblas, mentimos, y no practicamos la verdad; pero si andamos en luz, como él está en luz, tenemos comunión unos con otros, y la sangre de Jesucristo su Hijo nos limpia de todo pecado. Si decimos que no tenemos pecado, nos engañamos a nosotros mismos, y la verdad no está en nosotros. ***Si confesamos nuestros pecados, él es fiel y justo para perdonar*** nuestros pecados, y limpiarnos de toda maldad...

Porque no tenemos un sumo sacerdote que no pueda compadecerse de nuestras debilidades, sino uno que fue tentado en todo según nuestra semejanza, pero sin pecado.

Acerquémonos, pues, confiadamente al trono de la gracia, para alcanzar misericordia y hallar gracia para el oportuno socorro.

Pasaje bíblico:

Proverbios 28:13-14;

1 Juan 1:6-9;

Hebreos 4:15-16 (RV1960)

MOMENTO DE DECISIÓN

A Dios no lo engañas. Su llamado a la santidad es sumamente claro, certero e imposible de malinterpretar. Estás equivocado si piensas que su corazón compasivo lo ha reblandecido con respecto al pecado.

Sin embargo, podemos descansar en estas palabras: "El... se acuerda de que somos sólo polvo" (Salmo 103:14, LBLA). Sabe de dónde salimos. Entiende los malos hábitos que hemos acariciado durante años, conoce los rincones donde nos refugiamos cuando estamos tristes, deprimidos o desanimados. El enojo que percibimos y que nos oprime es más nuestro que de Él. Mientras nos lamentamos por haber caído de nuevo, Dios tiene el corazón destrozado porque nos hemos rebajado a elegir el camino del dolor cuando Él nos ha ofrecido el camino de la paz.

En cuanto descubras que estás transigiendo, confiésalo. Y al mismo tiempo promete, con la ayuda de Dios, que vas a dejar atrás esta necedad. La confesión quita tu pecado y te lo pone delante para que lo visualices. El arrepentimiento lo arrastra al borde del camino, donde Dios puede desecharlo junto al resto de la basura que hay en tu vida para que te sientas limpio una vez más.

"El cristianismo es muy raro. Le ordena al hombre que reconozca que es malo e incluso abominable, mientras que también le pide ser como Dios."

Blas Pascal

Notas

AVANCEMOS *Dios no te ha salvado para que disfrutes más de la vida. Te ha colocado en una comunidad de fe donde eres una parte que se puede multiplicar en el ministerio.*

Poder numérico

La importancia de la iglesia

Los "llaneros solitarios" aparecen fuertes y rudos en la pantalla grande; sin embargo, en el fondo son unos "caraspálidas".

Porque así como el cuerpo es uno, y tiene muchos miembros, pero todos los miembros del cuerpo, aunque son muchos, constituyen un solo cuerpo, así también es Cristo...

Si el pie dijera: Porque no soy mano, no soy *parte* del cuerpo, no por eso deja de ser *parte* del cuerpo. Y si el oído dijera: Porque no soy ojo, no soy *parte* del cuerpo, no por eso deja de ser *parte* del cuerpo.

Si todo el cuerpo fuera ojo, ¿qué sería del oído? Si todo fuera oído, ¿qué sería del olfato? Ahora bien, Dios ha colocado a cada uno de los miembros en el cuerpo según le agradó. Y si todos fueran un solo miembro, ¿qué sería del cuerpo? ***Sin embargo, hay muchos miembros, pero un solo cuerpo...***

Mas *así* formó Dios el cuerpo, dando mayor honra a la *parte* que carecía de ella, a fin de que en el cuerpo no haya división, sino que los miembros tengan el mismo cuidado unos por otros.

Y si un miembro sufre, todos los miembros sufren con él; *y* si *un* miembro es honrado, todos los miembros se regocijan con él.

Pasaje bíblico:

1 Corintios 12:12,15-20,24b-26 (LBLA)

MOMENTO DE DECISIÓN

Quizás tu semana esté repleta de reuniones de negocios o almuerzos de trabajo, de clases nocturnas y tarea, de pañales y narices sucias... de cualquier cosa que te mantenga ocupado. Puedes haber reñido con tu hermana o haber tenido un tremendo lío con tu jefe. Puede que te encuentres hundido hasta el cuello por las deudas con tu tarjeta de crédito o que trates de no preocuparte por ese extraño dolor que sientes en tu costado.

Lo que sucede en la semana te derrumba y te apabulla con más problemas y tentaciones de las que puedes manejar. Te dejas caer en la cama el sábado por la noche prácticamente sin fuerzas. Suspiras y te rindes. Puede que incluso te sientas más alejado de Dios que antes de entregarle tu vida.

No importa cómo haya sido tu semana, puedes ingresar en la casa de Dios el domingo por la mañana y saber que estás en el lugar correcto, que eres parte de algo mayor que tú. Estás en el lugar apropiado como miembro de la familia eterna. Los necesitas y te necesitan. Juntos hallarán las fuerzas para enfrentar otra semana, para encarar un nuevo día.

"Cuando los creyentes crezcamos en Cristo, unidos como un solo cuerpo, reflejaremos fe, esperanza y amor."

Gene Getz

Notas

AVANCEMOS *Además de los encuentros dominicales, necesitas un contacto directo con amigos cristianos que te ayuden a vivir conforme a tu nueva fe.*

Entre amigos

Dar cuenta de nuestras acciones

Dios puede ayudarte a ser la persona que deseas ser, pero necesitas que alguien te acompañe en el proceso.

Entonces el SEÑOR envió a Natán a David. Y vino a él y le dijo:

Había dos hombres en una ciudad, el uno rico, y el otro pobre. El rico tenía muchas ovejas y vacas. Pero el pobre no tenía más que una corderita que él había comprado y criado, la cual había crecido junto con él y con sus hijos. Comía de su pan, bebía de su copa y dormía en su seno, y era como una hija para él.

Vino un viajero al hombre rico y éste no quiso tomar de sus ovejas ni de sus vacas para preparar *comida* para el caminante que había venido a él, sino que tomó la corderita de aquel hombre pobre y la preparó para el hombre que había venido a él…

Entonces Natán dijo a David: Tú eres aquel hombre… "¿Por qué has despreciado la palabra del SEÑOR haciendo lo malo a sus ojos? Has matado a espada a Urías heteo, has tomado su mujer para que sea mujer tuya, y lo has matado con la espada de los hijos de Amón…

"En verdad, tú lo hiciste en secreto, pero yo haré esto delante de todo Israel, y a plena luz del sol."

Entonces David dijo a Natán: He pecado contra el SEÑOR.

Pasaje bíblico:

2 Samuel 12:1-4,7a,9,12-13a (LBLA)

MOMENTO DE DECISIÓN

"Bendeciré al Señor, que me aconseja; aun de noche me reprende mi conciencia. Siempre tengo presente al Señor" (Salmo 16:7-8, NVI).

Él está allí, no importa dónde y cómo estés. No es necesario que hagas un ejercicio mental ni que intentes imaginar algo irreal; solo tienes que creer que el todopoderoso Dios está siempre a tu lado para ayudarte. Su poder siempre está a tu alcance. Su ayuda, oración de por médio.

A veces, cuando llega la noche luego de un día agotador, y la idea de tomar un trago se hace terriblemente tentadora o el control remoto se detiene en programas de televisión inmorales, es ahí cuando se desdibujan un poco los rasgos del rostro de Dios. Su presencia invisible se diluye en la mente.

Sin embargo, si te has comprometido a rendir cuentas a un par de amigos, ante quienes no podrías comparecer con la conciencia sucia o con un mal testimonio, puedes visualizar sus rostros o incluso llamarlos por teléfono para que te recuerden lo valiosa que es una vida santa.

Nos necesitamos unos a otros.

"Estoy convencido de que aquél que se acerca a un verdadero héroe espiritual, tarde o temprano lo imita. Tendemos a parecernos a quienes frecuentamos."

Ronnie Floyd

Notas

AVANCEMOS *Al ingresar a la familia de Dios, has ganado buenos amigos pero también enemigos declarados. Presta atención al que anda detrás de ti y a las estrategias que usa para vencerte.*

Parte 3

El adversario

Cualquier deportista te dirá que la mitad del costo de la victoria consiste en dedicar tiempo a conocer al oponente: analizar sus debilidades, sus estrategias y su forma de reaccionar ante determinadas situaciones. Lograr la victoria en la vida cristiana tiene mucho de eso. El poder está de tu lado; sin embargo, necesitas saber a qué te estás enfrentando. Ahora... vamos ¡y a ganar!

Limpieza profunda

Pecados sutiles

Tal vez tengas que encontrar los pecados grandes, pero son los pequeños los que te pueden causar los mayores problemas.

Pero que la inmoralidad, y toda impureza o avaricia, ni siquiera se mencionen entre vosotros, como corresponde a los santos; ni obscenidades, ni necedades, ni groserías, que no son apropiadas, sino más bien acciones de gracias.

Porque con certeza sabéis esto: que ningún inmoral, impuro, o avaro, que es idólatra, tiene herencia en el reino de Cristo y de Dios. Que nadie os engañe con palabras vanas, pues por causa de estas cosas la ira de Dios viene sobre los hijos de desobediencia. Por tanto, no seáis partícipes con ellos…

Por tanto, tened cuidado cómo andáis; no como insensatos, sino como sabios, aprovechando bien el tiempo, porque los días son malos.

Así pues, no seáis necios, sino entended cuál es la voluntad del Señor. Y no os embriaguéis con vino, en lo cual hay disolución, sino sed llenos del Espíritu, hablando entre vosotros con salmos, himnos y cantos espirituales, cantando y alabando con vuestro corazón al Señor; dando siempre gracias por todo, en el nombre de nuestro Señor Jesucristo, a Dios, el Padre.

Pasaje bíblico:

Efesios 5:3-7,15-20 (LBLA)

MOMENTO DE DECISIÓN

Notas

¿Alguna vez has limpiado un cuarto completamente sucio y desordenado? Cuando se llega al punto de que el armario no cierra y la cama apenas si asoma bajo la pila de ropa y porquerías acumuladas sobre ella; en el preciso instante en que rueda un zapato y uno toma conciencia de la ley de gravedad, hay que comenzar por ordenar lo más grueso. Y empezamos por lo que salta a la vista, lo evidente, como tender la cama, doblar la ropa o regresar a la cocina los tenedores, los platos y los vasos desparramados por todo el cuarto.

Sin embargo, por detrás del culpable principal subyace una serie de cómplices, protagonistas secundarios: el polvo, los rincones, los zócalos, las gavetas en estado caótico que ni siquiera habías visto antes pero que ahora que has quitado de en medio lo más visible, claman por ser ordenadas. Y podríamos continuar enumerando. La luz también evidencia otros aspectos, y tú enderezas, compones y acomodas porque quieres que esté limpio. Como cristiano que crece, necesitas permanecer abierto a la revisión con guante blanco de la Palabra de Dios. No para estar continuamente frustrado debido a tus faltas, sino para evitar que los pecados imperceptibles se acumulen hasta convertirse en un caos. Lo que se esconde bajo la alfombra puede causarte más problemas de lo que crees.

"La luz de Jesús permite que nos veamos con mayor claridad y que no nos engañe lo que se oculta en el interior."
James Houston

AVANCEMOS *Los malos hábitos que se han formado durante años no desaparecen automáticamente al aceptar a Cristo; pero ahora cuentas con el poder necesario para dejarlos poco a poco.*

Lugares ya conocidos

Los malos hábitos

Los hábitos abren una ventana por la que quiere colarse Satanás, mas Dios te puede ayudar a impedirlo.

Sabiendo esto, que nuestro viejo hombre fue crucificado con *El*, para que nuestro cuerpo de pecado fuera destruido, a fin de que ya no seamos esclavos del pecado; porque el que ha muerto, ha sido libertado del pecado.

Y si hemos muerto con Cristo, creemos que también viviremos con El, sabiendo que Cristo, habiendo resucitado de entre los muertos, no volverá a morir; ya la muerte no tiene dominio sobre El. Porque por cuanto El murió, murió al pecado de una vez para siempre; pero en cuanto vive, vive para Dios.

Así también vosotros, ***consideraos muertos para el pecado, pero vivos para Dios en Cristo Jesús.*** Por tanto, no reine el pecado en vuestro cuerpo mortal para que *no* obedezcáis sus lujurias; ni presentéis los miembros de vuestro cuerpo al pecado *como* instrumentos de iniquidad, sino presentaos vosotros mismos a Dios como vivos de entre los muertos, y vuestros miembros a Dios *como* instrumentos de justicia. Porque el pecado no tendrá dominio sobre vosotros, pues no estáis bajo la ley sino bajo la gracia…

Y habiendo sido libertados del pecado, os habéis hecho siervos de la justicia.

Pasaje bíblico:
Romanos 6:6-14,18 (LBLA)

Notas

MOMENTO DE DECISIÓN

Cada vez que regresas a un lugar que ya conoces pero que es prohibido, ya sea para relajarte o vengarte; cada vez que reaccionas sin pensar o que cedes en vez de poner resistencia, sin darte cuenta estás ensanchando la rampa de acceso a la senda de la transigencia. Lo que logras es que cada vez sea más fácil el retorno cuando te sobrevenga un impulso en vez de tratar de mantenerte por la senda estrecha y recta.

Eso son los hábitos: amplias autopistas por donde conduces prácticamente con los ojos cerrados. Es ese camino donde, a fuerza de recorrerlo, ya conoces cada curva y cada bache que presenta. Sin embargo, sabes mejor que nadie que no tienes nada que hacer en ese lugar, y que si tuvieras las fuerzas suficientes, darías la vuelta de inmediato y regresarías a terreno seguro.

Entonces hazlo, porque ahora puedes negarte, puedes decir "no" con el poder de Dios. Cada vez que busques apoyarte en el Señor y procures su fortaleza para resistir, estarás clausurando otra de esas rampas de acceso, estarás ignorando el llamado de la autopista y habrás dejado atrás ese pecado habitual.

"Ser libre del pecado no significa únicamente que puedo ser fuerte en Dios para dejar de pecar, sino también que en Él tengo la capacidad de hacer lo correcto."

Stuart Briscoe

AVANCEMOS *Si nos mantenemos siempre en el poder de la oración y en la verdad de la Palabra de Dios, podremos detener de inmediato cualquier tentación, incluso las que se deslizan sigilosamente.*

Golpe bajo

La tentación

La tentación sobreviene cuando menos la esperas, pero su fuerza depende del tiempo que le dediques.

Hermanos míos, tened por sumo gozo cuando os halléis en diversas pruebas, sabiendo que la prueba de vuestra fe produce paciencia. Mas tenga la paciencia su obra completa, para que seáis perfectos y cabales, sin que os falte cosa alguna…

Bienaventurado el varón que soporta la tentación; porque cuando haya resistido la prueba, recibirá la corona de vida, que Dios ha prometido a los que le aman.

Cuando alguno es tentado, no diga que es tentado de parte de Dios; porque Dios no puede ser tentado por el mal, ni él tienta a nadie; sino que cada uno es tentado, cuando de su propia concupiscencia es atraído y seducido. Entonces la concupiscencia, después que ha concebido, da a luz el pecado; y el pecado, siendo consumado, da a luz la muerte.

Amados hermanos míos, no erréis…

Así que, el que piensa estar firme, mire que no caiga. No os ha sobrevenido ninguna tentación que no sea humana; pero fiel es Dios, ***que no os dejará ser tentados más de lo que podéis resistir***, sino que dará también juntamente con la tentación la salida, para que podáis soportar.

Pasaje bíblico:

Santiago 1:2-4,12-16;

1 Corintios 10:12-13 (RV1960)

MOMENTO DE DECISIÓN

Satanás no se quedó tranquilo cuando decidiste seguir a Cristo. Tu repentina partida del reino de las tinieblas rumbo al reino de la luz hizo que se encendieran luces de advertencia en su sistema de seguridad. El enemigo ha implementado un plan estratégico para asegurarse de que tu fe se sienta desorientada y perdida mientras vas en busca de tu estilo de vida.

Jamás subestimes el poder que tiene para engañar. Te conoce muy bien. Sin embargo, nosotros también sabemos cómo es él.

Por un lado, sabemos que Dios ha limitado el alcance de las tentaciones de Satanás. Tiene poder, pero controlado por Dios. En ocasiones, Dios puede aprovechar las maquinaciones del enemigo para fortalecer tu carácter y mostrarte las áreas en donde todavía confías en ti mismo en vez de confiar en el Señor.

Además, recuerda que la tentación no es un pecado, aunque se perciba como tal. En ningún momento estás obligado a caer en la tentación, aun cuando no tengas los reflejos tan ágiles como para reaccionar ante el primer indicio de la astucia de Satanás.

Él puede despertar tus deseos, pero no puede forzarte a hacer nada. No le creas ni una sola palabra.

"El diablo sabe que si logra que nuestra mente se centre en determinados pecados, a la larga terminaremos haciéndolos."

Greg Laurie

Notas

AVANCEMOS *Sabes que Dios te ha perdonado; sin embargo, a pesar de tus esfuerzos sigues cargando con la culpa de los pecados del pasado. ¿Cuándo podrás librarte de eso?*

Detrás de ti

Cómo librarte del sentido de culpa

Has sido perdonado, pero no puedes olvidar. A veces te preguntas si podrás dejar atrás tu pasado definitivamente.

Ahora, pues, ninguna condenación hay para los que están en Cristo Jesús, los que no andan conforme a la carne, sino conforme al Espíritu. Porque la ley del Espíritu de vida en Cristo Jesús me ha librado de la ley del pecado y de la muerte.

Porque lo que era imposible para la ley, por cuanto era débil por la carne, Dios, enviando a su Hijo en semejanza de carne de pecado y a causa del pecado, condenó al pecado en la carne; para que la justicia de la ley se cumpliese en nosotros, que no andamos conforme a la carne, sino conforme al Espíritu...

Pues no habéis recibido el espíritu de esclavitud para estar otra vez en temor, sino que habéis recibido el espíritu de adopción, por el cual clamamos: ¡Abba, Padre!...

¿Qué, pues, diremos a esto? Si Dios es por nosotros, ¿quién contra nosotros? El que no escatimó ni a su propio Hijo, sino que lo entregó por todos nosotros, ¿cómo no nos dará también con él todas las cosas?

¿Quién acusará a los escogidos de Dios? Dios es el que justifica. ¿Quién es el que condenará? Cristo es el que murió; más aun, el que también resucitó, el que además está a la diestra de Dios, el que también intercede por nosotros.

Pasaje bíblico:

Romanos 8:1-4,15,31-34 (RV1960)

Notas

MOMENTO DE DECISIÓN

Si tan solo pudieras entender que tu trayectoria está limpia. Si pudieras confiar únicamente en el amor incondicional del Padre.

Si pudieras creer de una vez por todas que al entregar tu corazón a Jesús fuiste "... revestido de Cristo" (Gálatas 3:27, NVI) de manera que cuando Dios te mira, no te ve con los harapos que vestías sino con el vestido puro y radiante de la rectitud eterna de Cristo.

Dios te ve como eres realmente: un hijo hecho y derecho del Dios vivo. Es cierto que aun presentas algunas arrugas que planchar, pero mientras te mantengas abierto a la convicción que da el Espíritu Santo por medio de la Palabra, de los sermones o de las palabras de un amigo sincero, serás movido a un nuevo arrepentimiento. Desearás ser como Cristo sin importar lo que cueste.

Sin embargo, la culpa brota por sí misma y te derriba, pues saca a la luz lo que ha sido perdonado, presentándolo como evidencia de que eres un hipócrita cuando crees lo que Dios te dice: que eres digno del cielo. No lo permitas. Convierte la culpa por lo que hiciste en tu pasado en un testimonio del poder de Dios, y avanza con la frente en alto y la mirada puesta en las cosas celestiales.

"El Espíritu Santo emplea el verdadero sentido de culpa para acercarnos a Dios, mientras que Satanás lo transforma en una culpa incriminatoria que procura alejarnos de Dios."

Jim Henry

AVANCEMOS *Cuando eres nuevo en la fe y rebosas de entusiasmo, hay personas que no te comprenderán ni notarán el cambio positivo en tu vida. No les hagas caso.*

Las críticas

Opiniones de terceros

Que la gente opine... Dios está en la platea y tú estás actuando sólo para Él.

¿Y quién os podrá hacer daño si demostráis tener celo por lo bueno? Pero aun si sufrís por causa de la justicia, dichosos *sois*. Y NO OS AMEDRENTEIS POR TEMOR A ELLOS NI OS TURBEIS, sino santificad a Cristo como Señor en vuestros corazones, *estando* siempre preparados para presentar defensa ante todo el que os demande razón de la esperanza que hay en vosotros, pero *hacedlo* con mansedumbre y reverencia; teniendo buena conciencia, para que en aquello en que sois calumniados, sean avergonzados los que difaman vuestra buena conducta en Cristo...

Si sois vituperados por el nombre de Cristo, dichosos sois, pues el Espíritu de gloria y de Dios reposa sobre vosotros.

Ciertamente, por ellos El es blasfemado, pero por vosotros es glorificado. Que de ninguna manera sufra alguno de vosotros como homicida, o ladrón, o malhechor, o por entrometido. Pero si *alguno sufre* como cristiano, que no se avergüence, sino que como tal glorifique a Dios. Porque *es* tiempo de que el juicio comience por la casa de Dios; y si *comienza* por nosotros primero, ¿cuál *será* el fin de los que no obedecen al evangelio de Dios?...

Por consiguiente, los que sufren conforme a la voluntad de Dios, encomienden sus almas al fiel Creador, haciendo el bien.

Pasaje bíblico:

1 Pedro 3:13-16; 4:14-17,19 (LBLA)

Notas

MOMENTO DE DECISIÓN

Es como si hubiera un par de ladrones que acechan a los nuevos convertidos que procuran parecerse a Cristo.

Uno es ese viejo amigo que disfrutaba cómo eras antes, cuando estabas siempre dispuesto a pasarla bien y las reuniones de la iglesia no interferían en los planes de fin de semana.

El otro es el cristiano que ya ha visto gente como tú y te prefería cuando aún eras motivo de oración. Ahora eres como una bola de fuego que arrasa con todo, que interpreta en forma directa lo que lee en la Biblia, que cree que con oración y unidad entre las iglesias no hay nada que Dios no pueda hacer. Tu entusiasmo le da miedo. Se supone que ellos son los que deben apoyarte.

Así que, si todavía no lo has experimentado, prepárate para sentir los dardos de quienes desean que te parezcas más al mundo o al término medio entre los cristianos. Sigue creyendo que la Biblia dice la verdad y ámalos como quisieras que ellos te amen.

"El conformismo nos roba el gozo. Mantener los ojos en Jesús es una gozosa disciplina que nos llena de vida."

Ed Young

AVANCEMOS *Uno de los mayores enemigos en nuestra lucha por la victoria en Cristo es tan pequeño que fácilmente puedes pasarlo por alto. Sin embargo está tan cerca de tu corazón que cuesta deshacerse de él.*

Bla, bla, bla

Tus palabras

Las palabras de una persona pueden decirte mucho sobre ella. ¿Qué dicen tus palabras de ti?

Ahora bien, si ponemos el freno en la boca de los caballos para que nos obedezcan, dirigimos también todo su cuerpo. Mirad también las naves; aunque son tan grandes e impulsadas por fuertes vientos, son, sin embargo, dirigidas mediante un timón muy pequeño por donde la voluntad del piloto quiere.

Así también *la lengua es un miembro pequeño, y sin embargo, se jacta de grandes cosas*. Mirad, ¡qué gran bosque se incendia con tan pequeño fuego! Y la lengua es un fuego, un mundo de iniquidad. La lengua está puesta entre nuestros miembros, la cual contamina todo el cuerpo, es encendida por el infierno e inflama el curso de *nuestra* vida.

Porque todo género de fieras y de aves, de reptiles y de *animales* marinos, se puede domar y ha sido domado por el género humano, pero ningún hombre puede domar la lengua; *es* un mal turbulento *y* lleno de veneno mortal. Con ella bendecimos a *nuestro* Señor y Padre, y con ella maldecimos a los hombres, que han sido hechos a la imagen de Dios.

De la misma boca proceden bendición y maldición. Hermanos míos, esto no debe ser así. ¿Acaso una fuente por la misma abertura echa *agua* dulce y amarga? ¿Acaso, hermanos míos, puede una higuera producir aceitunas, o una vid higos? Tampoco *la fuente de agua* salada *puede* producir agua dulce.

Pasaje bíblico:
Santiago 3:3-12 (LBLA)

MOMENTO DE DECISIÓN

No quisiste decirlo; se te escapó. Todos sabemos lo que pasa cuando la maquinita del chisme comienza a funcionar a pleno, cuando la camaradería de reclamos o desaires compartidos te hace decir cosas que te habías prometido no repetir. Puede ser una confidencia o un error o una broma acerca de alguien, que lanzas para alegría del grupo pero que jamás te atreverías a hacerlo frente al interesado. Te comprendemos.

Sin embargo, el simple hecho de que te comprendamos no lo hace correcto. Y por más que hagas un esfuerzo por refrenar tu lengua la próxima vez, solo es temporario. Jesús dijo que "de la abundancia del corazón habla la boca" (Mateo 12:34, NVI). Es decir, que si queremos que nuestras palabras (o nuestro silencio) sean puras y agradables, son nuestras actitudes las que deben cambiar.

Entonces... si quieres poder refrenar ese insulto, tienes que comenzar por amar a esa persona que te causa enfado. Para no volver a hacer un comentario negativo, tienes que pedirle a Dios que te ayude a desear lo mejor para ese vecino gruñón. Las palabras agradables provienen de un corazón limpio.

"Habla poco, no sea que digas con tu boca algo de lo que luego te arrepientas con tu corazón."
George MacDonald

Notas

AVANCEMOS *Cuando uno es nuevo en algo (como en la vida cristiana) se suele sentir en desventaja con respecto a los demás que lo hacen bien pero no estamos compitiendo entre nosotros sino contra nosotros mismos.*

La medida

Comparación con los demás

En tu iglesia hay gente tan buena y con tanto para dar... tú eres uno de ellos.

No nos atrevemos a igualarnos ni a compararnos con algunos que tanto se recomiendan a sí mismos. Al medirse con su propia medida y compararse unos con otros, no saben lo que hacen.

Nosotros, por nuestra parte, no vamos a jactarnos más de lo debido. Nos limitaremos al campo que Dios nos ha asignado según su medida, en la cual también ustedes están incluidos. Si no hubiéramos estado antes entre ustedes, se podría alegar que estamos rebasando estos límites, cuando lo cierto es que fuimos los primeros en llevarles el evangelio de Cristo.

No nos jactamos desmedidamente a costa del trabajo que otros han hecho. Al contrario, esperamos que, según vaya creciendo la fe de ustedes, también nuestro campo de acción entre ustedes se amplíe grandemente, para poder predicar el evangelio más allá de sus regiones, sin tener que jactarnos del trabajo ya hecho por otros.

Más bien , "Si alguien ha de gloriarse, que se gloríe en el Señor". Porque no es aprobado el que se recomienda a sí mismo sino aquel a quien recomienda el Señor...

Cada cual examine su propia conducta; y si tiene algo de qué presumir, que no se compare con nadie. Que cada uno cargue con su propia responsabilidad.

Pasaje bíblico:

2 Corintios 10:12-18;
Gálatas 6:4-5 (NVI)

MOMENTO DE DECISIÓN

Notas

Tal vez sientas que no sabes nada de Cristo. Todos los que comenzaron en este camino se sintieron exactamente igual, incluso los que oran de manera tal que parece que están en los umbrales del cielo, o quienes quizás te dejan boquiabierto por su percepción y comprensión de la sabiduría bíblica. También aquellos que cantan de manera sobrecogedora en la reunión de adoración o que jamás descienden de un avión sin un recién convertido a quien le han testificado.

Sin embargo, por un lado Dios se complace más con los que permanecen fieles que con los que atraen multitudes.

Y por otro, Dios ha invertido tiempo y talentos en tu persona, y va a usarlos. Cuando te rindas a su servicio y no te importe si alguien te lo reconoce o no, comenzarás a crecer en el ministerio que Él desea que desarrolles.

"No debemos sentirnos incompetentes. Nuestro Dios es competente y nos dará lo necesario para servirle."
Chip Ricks

Dios formó un equipo en tu pueblo o ciudad para que lleven su amor y salvación a todo el que oiga. Será un trabajo en conjunto, fruto de la combinación de los diferentes llamados y dones. Por eso, comienza a hacer tu parte… que es crucial.

AVANCEMOS *No has hecho nada para ganarte la salvación, así que no necesitas revalidarla cada cinco años. Ya eres salvo y nada ni nadie podrá quitártelo. ¿Por qué costará tanto aceptarlo?*

Aprobado

Aceptación en base al desempeño

Si estar en buenas relaciones con Dios dependiera de nuestro esfuerzo, el cielo estaría desierto.

Esto es lo único que quiero averiguar de vosotros: ¿recibisteis el Espíritu por las obras de *la* ley, o por el oír con fe? ¿Tan insensatos sois? Habiendo comenzado por el Espíritu, ***¿vais a terminar ahora por la carne?*** ¿Habéis padecido tantas cosas en vano? ¡Si es que en realidad fue en vano!

Aquel, pues, que os suministra el Espíritu y hace milagros entre vosotros, ¿lo hace por las obras de *la* ley o por el oír con fe?…

Porque todos los que son de las obras de *la* ley están bajo maldición, pues escrito está: MALDITO TODO EL QUE NO PERMANECE EN TODAS LAS COSAS ESCRITAS EN EL LIBRO DE LA LEY, PARA HACERLAS. Y que nadie es justificado ante Dios por *la* ley es evidente, porque EL JUSTO VIVIRA POR LA FE. Sin embargo, la ley no es de fe; al contrario, EL QUE LAS HACE, VIVIRA POR ELLAS.

Cristo nos redimió de la maldición de la ley, habiéndose hecho maldición por nosotros… a fin de que en Cristo Jesús la bendición de Abraham viniera a los gentiles, para que recibiéramos la promesa del Espíritu mediante la fe.

Pasaje bíblico:
Gálatas 3:2-5,10-14 (LBLA)

Notas

MOMENTO DE DECISIÓN

Tal vez tu padre no se conmovía cuando le decías: "Te quiero", o quizás opinaba que habías cortado el césped bastante bien si no fuera porque habías descuidado los canteros de flores. A lo mejor disfrutaba de tu música, pero te regañaba por desafinar en ciertos lugares. Ante una libreta de calificaciones con tres resultados de diez y dos de ocho, diría: "No está mal, pero podría estar mejor". Podrías haberte esforzado más, podrías haber hecho más, pero lo que hicieras nunca iba a ser suficiente.

Y trasladas aquella situación a tu actual relación con Dios. Por eso, si tres días de esta semana te levantas 10 minutos antes para orar y leer tu Biblia, piensas y le dices a Dios: "Estuvo bien… ¿no es cierto, Padre?". Claro que si fuera todos los días, y 20 minutos en vez de 10, estaría mucho mejor.

Haber ofrendado 5% más este mes fue generoso de tu parte. Sin embargo, dudas: "¿No lo crees así, Señor? ¿O tal vez conseguiría algo más que una sonrisa aprobatoria si hubiera dado 10% más?"

Siempre puedes retribuirle algo más a Dios. No hay nadie que no pueda profundizar en su devoción, pero eres un hijo de Dios, Él te ama y te acepta tal como eres. No hay nada que puedas hacer para obtener más de Él. La prueba está en sus manos.

"La gracia es el amor incondicional de Dios en Cristo que se entrega abiertamente al pecador imperfecto e inmerecedor."
David Seamands

AVANCEMOS *Es probable que no te agrade lo que sigue, que por cierto es blanco fácil. Tus pasatiempos no deben ser precisamente las cosas por las que Cristo murió.*

Seriamente expuestos

TV, películas, internet

Los programas que la familia mira pueden convertirse en uno de los principales y más generalizados problemas del cristiano.

Prestaré atención al camino de integridad. ¿Cuándo vendrás, *Señor,* a mí?

En la integridad de mi corazón andaré dentro de mi casa. No pondré cosa indigna delante de mis ojos.

Aborrezco la obra de los que se desvían; no se aferrará a mí. El corazón perverso se alejará de mí; no conoceré maldad.

Destruiré al que en secreto calumnia a su prójimo; no toleraré al de ojos altaneros y de corazón arrogante.

Mis ojos estarán sobre los fieles de la tierra, para que moren conmigo; el que anda en camino de integridad me servirá.

El que practica el engaño no morará en mi casa; el que habla mentiras no permanecerá en mi presencia.

Cada mañana destruiré a todos los impíos de la tierra, para extirpar de la ciudad del SEÑOR a todos los que hacen iniquidad...

Por lo demás, hermanos, todo lo que es verdadero, todo lo digno, todo lo justo, todo lo puro, todo lo amable, todo lo honorable, si hay alguna virtud o algo que merece elogio, en esto meditad.

Pasaje bíblico:

Salmo 101:2-8;
Filipenses 4:8 (LBLA)

Notas

MOMENTO DE DECISIÓN

El verdadero problema de la televisión y de las películas es algo peor que los seres demoníacos, que el lenguaje soez o las escenas de sexo que saturan la pantalla. Todos estamos de acuerdo en que son cosas terribles, todo el mundo lo sabe, pero nos sentimos cautivados por alguna atracción enfermiza y pecaminosa, y nadie puede justificar el hábito de disfrutar de esa clase de entretenimiento. Creo que ninguno de nosotros compartiría el sillón con Cristo mientras se proyecta un programa de ese tipo.

Sin embargo, eso es solo el comienzo. Si bien podemos aprender a desechar los programas sórdidos y a refinar nuestro gusto hacia programas más aceptables, como documentales, concursos, deportes, informativos, etc., pagamos un alto precio. Dilapidamos enormes cantidades de tiempo en algo que equivale a una evasión sin sentido.

Lo que no requiere del uso de nuestra mente, que se encarga de llenarlo todo y de dar respuesta a todo, nos quita el deseo de crecer, de crear, de ponernos en el lugar del otro, de escuchar a Dios sin importarnos lo extraño que parezca tanto silencio al principio. Prométeme que lo pensarás.

"Si intentamos mantener pura nuestra moral , no podemos darnos el lujo de entretenernos con el pecado ."
Bill y Kathy Peel

AVANCEMOS *Has sido comprado por Cristo y eso es lo mejor que te podría haber pasado. Sin embargo, a veces todavía tienes dudas, a pesar de que te has entregado a Él. ¿Es aceptable sentirse así?*

Me pregunto si...

Dudas y cuestionamientos

Puedes preguntarle todo a Dios. Él sabe cuándo necesitarás la respuesta.

Tomás, uno de los doce, llamado el Dídimo, no estaba con ellos cuando Jesús vino. Entonces los otros discípulos le decían: ¡Hemos visto al Señor! Pero él les dijo: Si no veo en sus manos la señal de los clavos, y meto el dedo en el lugar de los clavos, y pongo la mano en su costado, no creeré.

Ocho días después, sus discípulos estaban otra vez dentro, y Tomás con ellos. Y estando las puertas cerradas, Jesús vino y se puso en medio de ellos, y dijo: Paz a vosotros. Luego dijo a Tomás: Acerca aquí tu dedo, y mira mis manos; extiende aquí tu mano y métela en mi costado; y no seas incrédulo, sino creyente. Respondió Tomás y le dijo: ¡Señor mío y Dios mío! Jesús le dijo: ¿Porque me has visto has creído? Dichosos los que no vieron, y *sin embargo* creyeron...

En esto sabremos que somos de la verdad, y aseguraremos nuestros corazones delante de El en cualquier cosa en que nuestro corazón nos condene; ***porque Dios es mayor que nuestro corazón y sabe todas las cosas...***

El que guarda sus mandamientos permanece en El y Dios en él. Y en esto sabemos que El permanece en nosotros: por el Espíritu que nos ha dado.

Pasaje bíblico:

Juan 20:24-29;

1 Juan 3:19-20,24 (LBLA)

Notas

MOMENTO DE DECISIÓN

Tienes razón, son muchas las cosas que hay que creer, y a veces cuesta creerlas.

Dios creó el mundo en seis días. Jesús nació de una adolescente virgen. Su muerte en la cruz carga con el castigo que mereces por tus pecados si tan solo confiesas tu necesidad. Jesús es el Hijo de Dios. La Biblia es la Palabra de verdad, aun cuando hay muchos que dicen tener otro dios y un libro diferente y otra manera de acercarse a él.

Surgen miles de preguntas.

¿Qué pasará con las personas buenas que mueren pero no eran asiduos concurrentes a la iglesia? ¿Y qué de esa joven madre de tres niños que padece cáncer e intenta preparar a su familia para cuando ya no esté con ellos? ¿Y las cosas no te están yendo bien? ¿Tendrá Dios las respuestas a estos interrogantes?

Sí, la Biblia está llena de respuestas; sin embargo, siempre tendremos dudas y cuestionamientos. Pregunta todas las veces que lo creas necesario. Y si hay cosas que sigues sin entender, está dispuesto a conformarte con saber que Dios es bueno, que sabe qué es lo que te conviene y puedes confiar en Él. Eso responde muchas preguntas.

> **"Nuestro amante Padre celestial desea nuestra compañía, aun cuando nos acerquemos a Él para derramar nuestro corazón lleno de enojo, frustración y temor."**
>
> **Sandra Glahn**

AVANCEMOS *Solo se necesita de un pensamiento para aceptar a Cristo, pero para aprender a vivir como Él se necesita toda una nueva manera de pensar. Y es una manera diferente a la de otros .*

Parte 4

Una nueva manera de pensar

Dios ve las cosas de manera diferente que nosotros. En su reino, los líderes son los que prestan servicio; los dadores, reciben; los que derraman su vida sirviendo a los demás, tienen su copa desbordante. Tú también crecerás más y más en Jesús al someter tu voluntad a la suya y al desviar tu objetivo hasta acoplarlo a los planes que tiene para ti.

Todo lo que digas

Cumplir la voluntad de Dios

Lo primero que aprendemos es a hacer nuestra propia voluntad, pero en cuanto desistamos, seremos libres.

Por eso os digo, no os preocupéis por vuestra vida, qué comeréis o qué beberéis; ni por vuestro cuerpo, qué vestiréis. ¿No es la vida más que el alimento y el cuerpo *más* que la ropa? Mirad las aves del cielo, que no siembran, ni siegan, ni recogen en graneros, y *sin embargo,* vuestro Padre celestial las alimenta. ¿No sois vosotros de mucho más valor que ellas? ¿Y quién de vosotros, por ansioso que esté, puede añadir una hora al curso de su vida?

Y por la ropa, ¿por qué os preocupáis? Observad cómo crecen los lirios del campo; no trabajan, ni hilan; pero os digo que ni Salomón en toda su gloria se vistió como uno de éstos. Y si Dios viste así la hierba del campo, que hoy es y mañana es echada al horno, ¿no *hará* mucho más por vosotros, hombres de poca fe?

Por tanto, no os preocupéis, diciendo: "¿Qué comeremos?" o "¿qué beberemos?" o "¿con qué nos vestiremos?" Porque los gentiles buscan ansiosamente todas estas cosas; que vuestro Padre celestial sabe que necesitáis todas estas cosas.

Pero *buscad primero su reino y su justicia*, y todas estas cosas os serán añadidas.

Pasaje bíblico:

Mateo 6:25-33 (LBLA)

Notas

MOMENTO DE DECISIÓN

Dios te ha dado la libertad de manejar tu vida de la mejor manera que sepas hacerlo, con tu propio mapa, siguiendo tus instintos y así construir tu camino hacia el objetivo deseado.

Sin embargo, en caso de que tanta responsabilidad te inquiete o te haga sentir que estás desprovisto, Él está más que dispuesto a revisar tu hoja de ruta y a marcarte los caminos que te convienen, aunque te parezcan completamente apartados del objetivo.

Después de todo, Él sabe dónde el camino estará probablemente cerrado al tránsito o con demoras por obras; y que la zigzagueante línea roja, que en el mapa parece cortar camino, esconde varias zonas de demora: cruce de escolares, zonas residenciales y embotellamientos. Incluso sabe que han abierto uno de tus restaurantes favoritos en un camino alternativo por el cual jamás habrías pasado de haber ido por la ruta pensada. Con semejante agente de viajes que lo acompañe a uno en el recorrido de la vida, ¿por qué alguien querría confiar en su propio sentido de la orientación? ¿Tú lo harías?

"No serás útil para Dios a menos que realices los ajustes necesarios para cumplir y obedecer lo que ha mandado."
Henry Blackaby

AVANCEMOS *Ahora que eres cristiano, puedes darte el lujo de pasar todas tus decisiones por el filtro de la infinita sabiduría de un Dios omnisciente. ¿Quieres saber cómo hacerlo?*

Trato hecho

Toma de decisiones

Esta nueva opción que la vida te brinda viene con la posibilidad de ver cada decisión como una oportunidad.

Porque así dijo Jehová el Señor, el Santo de Israel: En descanso y en reposo seréis salvos; en quietud y en confianza será vuestra fortaleza.

Y no quisisteis, sino que dijisteis: No, antes huiremos en caballos; por tanto, vosotros huiréis. Sobre corceles veloces cabalgaremos; por tanto, serán veloces vuestros perseguidores.

Un millar huirá a la amenaza de uno; a la amenaza de cinco huiréis vosotros todos, hasta que quedéis como mástil en la cumbre de un monte, y como bandera sobre una colina.

Por tanto, Jehová esperará para tener piedad de vosotros, y por tanto, será exaltado teniendo de vosotros misericordia; porque Jehová es Dios justo; bienaventurados todos los que confían en él.

Ciertamente el pueblo morará en Sion, en Jerusalén; nunca más llorarás; el que tiene misericordia se apiadará de ti; al oír la voz de tu clamor te responderá.

Bien que os dará el Señor pan de congoja y agua de angustia, con todo, tus maestros nunca más te serán quitados, sino que tus ojos verán a tus maestros.

Entonces *tus oídos oirán a tus espaldas palabra que diga: Este es el camino*, andad por él; y no echéis a la mano derecha, ni tampoco torzáis a la mano izquierda.

Pasaje bíblico:
Isaías 30:15-21 (RV1960)

MOMENTO DE DECISIÓN

Ahora cuentas con alguien que te acompaña siempre, y no es un compañero precisamente silencioso. Este nuevo Amigo que está a tu lado en cada paso que das no quiere retener la guía necesaria para que llegues a tomar decisiones sólidas y aceptables ante Dios. Recurre a Él para que te permita vislumbrar con claridad cómo hacer la mejor elección en cada situación, se trate de una decisión entre lo bueno y lo malo, o entre lo bueno y lo mejor. Tú te esfuerzas por serle fiel y honrarlo con tu vida, y Él desea que conozcas su divina voluntad y quiere hablar contigo de manera que puedas escucharlo.

Sin embargo, no siempre estás dispuesto a escuchar. Puede que estés bastante enloquecido como para poder pensar con claridad, demasiado temeroso como para actuar con audacia o quizás ocupado en extremo como para dedicarle un momento en tu agitado día. Pero si desechas tus deseos de ganancia personal, si acudes a la Biblia en busca de instrucción verdadera y si te detienes en quietud ante Dios para que su Espíritu Santo dirija y confirme tus pensamientos, obtendrás la respuesta. Entonces podrás avanzar con fe, en obediencia, dispuesto a cometer un error pero sabiendo que tu corazón está en orden. Has hecho una buena elección.

"Si todos los creyentes de esta ciudad comenzaran a actuar como Jesús, ¿qué sucedería? No es fácil imaginarlo."

Charles Sheldon

AVANCEMOS *No es de extrañar que la manera de pensar del cristiano le resulte tan extraña a la mentalidad del mundo, pero deberá surgirte naturalmente si deseas causar un impacto.*

Notas

El panorama completo

La visión cristiana del mundo

Todo el mundo se basa en un sistema de creencias, lo reconozca o no. Conoce el tuyo.

Entonces Pedro, lleno del Espíritu Santo, les dijo: Gobernantes y ancianos del pueblo, si se nos está interrogando hoy por *causa del* beneficio hecho a un hombre enfermo, de qué manera éste ha sido sanado, sabed todos vosotros, y todo el pueblo de Israel, que en el nombre de Jesucristo el Nazareno, a quien vosotros crucificasteis *y* a quien Dios resucitó de entre los muertos, por El, este *hombre* se halla aquí sano delante de vosotros.

Este *Jesús* es la PIEDRA DESECHADA por vosotros LOS CONSTRUCTORES, *pero* QUE HA VENIDO A SER LA PIEDRA ANGULAR. Y en ningún otro hay salvación, porque no hay otro nombre bajo el cielo dado a los hombres, en el cual podamos ser salvos.

Al ver la confianza de Pedro y de Juan, y dándose cuenta de que eran hombres sin letras y sin preparación, se maravillaban, y reconocían que ellos habían estado con Jesús... diciendo ¿Qué haremos con estos hombres?... Cuando los llamaron, les ordenaron no hablar ni enseñar en el nombre de Jesús. Mas respondiendo Pedro y Juan, les dijeron: Vosotros mismos juzgad si es justo delante de Dios obedecer a vosotros antes que a Dios; porque ***nosotros no podemos dejar de decir lo que hemos visto y oído.***

Pasaje bíblico:
Hechos 4:8-13,16a,18-20 (LBLA)

Notas

MOMENTO DE DECISIÓN

Las creencias traen sus consecuencias, incluso aquellas en las cuales la gente no se detiene a pensar demasiado. Dichas creencias pueden ser las más temerarias. Sin embargo, consciente o inconscientemente, la gente se basa en un conjunto de principios conocidos que dan respuesta a numerosos interrogantes. ¿De dónde vengo? ¿Qué estoy haciendo aquí? Y en última instancia eso será lo que influya en las decisiones que tome, en el trabajo donde se desempeñe y en la responsabilidad que sienta sobre sí y los demás.

Viven según lo que se llama "cosmovisión", ya sea secular y egocéntrica, humanista, de la Nueva Era u otra cosa.

Tú haces lo mismo. Como tienes una cosmovisión cristiana, has renunciado a tu derecho de vagar sin sentido por la vida llevado por las opiniones de uno y otro. La revelación de la Biblia acerca de quién es Dios, de lo que ha hecho para redimir a la humanidad caída y de la naturaleza eterna de su reino celestial debería afectar todas tus opiniones sobre cualquier tema de la vida moderna. Para saber cómo hay que vivir, primero tienes que saber en qué crees. Busca, profundiza y descúbrelo.

"Necesitamos dejar de mirar hacia el secularismo y no sentirnos intimidados por la cultura postcristiana que nos rodea."

Chuck Colson

AVANCEMOS *A la mayoría le parece bien esperar una semana para ver el fruto de sus decisiones. Sin embargo, la vida cristiana no promete resultados inmediatos ni de la manera que tú los esperas.*

Visión de futuro

Perspectiva a largo plazo

Tienes toda una eternidad para ver el triunfo de la verdad y la respuesta a tus preguntas. ¿Estás dispuesto a esperar?

Recuerden aquellos días pasados cuando ustedes, después de haber sido iluminados, sostuvieron una dura lucha y soportaron mucho sufrimiento. Unas veces se vieron expuestos públicamente al insulto y a la persecución; otras veces se solidarizaron con los que eran tratados de igual manera. También se compadecieron de los encarcelados, y cuando a ustedes les confiscaron sus bienes, lo aceptaron con alegría, conscientes de que tenían un patrimonio mejor y más permanente.

Así que no pierdan la confianza, porque ésta será grandemente recompensada. Ustedes necesitan perseverar para que, después de haber cumplido la voluntad de Dios, reciban lo que él ha prometido. Pues dentro de muy poco tiempo "el que ha de venir vendrá, y no tardará. Pero mi justo vivirá por la fe. Y si se vuelve atrás, no será de mi agrado."

Pero nosotros no somos de los que se vuelven atrás y acaban por perderse, sino de los que tienen fe y preservan su vida...

He sido crucificado con Cristo, y ya no vivo yo sino que Cristo vive en mí. Lo que ahora vivo en el cuerpo, lo vivo por la fe en el Hijo de Dios, quien me amó y dio su vida por mí.

Pasaje bíblico:

Hebreos 10:32-39;
Gálatas 2:20 (NVI)

Notas

MOMENTO DE DECISIÓN

Vivimos en la era de lo instantáneo. Si pedimos algo a la noche y no lo tenemos a la mañana siguiente, a primera hora, sobre nuestro escritorio, buscaremos a algún otro que pueda hacerlo. Así funciona el mundo. Sin embargo, si esperas que Dios responda de la misma manera, te aseguro que estás en problemas.

Eso no significa que Él no pueda incluirte en su impresionante lista de actividades o que desconozca tus urgencias. Lo que sucede es que Él sabe lo impacientes que somos, lo limitada que es nuestra mente para comprender sus planes en su totalidad, y que en numerosas oportunidades recordaremos este tiempo de espera como una de las más valiosas experiencias de fe que hayamos tenido.

Si alguna vez tomas en cuenta que Dios sabe exactamente lo que necesitas, cuándo lo necesitas y en qué cantidad, podrás seguir firme y hacia adelante cada vez que se te ocurra rebelarte por el momento en que decide actuar. Después de todo, tenemos mucho tiempo para disfrutar de todo aquello por lo cual hemos esperado tanto.

> **"Me corre la adrenalina por el cuerpo y me invade una inmensa esperanza al saber que por haber escogido seguir a Cristo ya tengo la victoria en el único torneo realmente importante."**
>
> **Lucinda Secrest McDowell**

AVANCEMOS *La historia de la tortuga y la liebre no figura en la Biblia, pero deja una enseñanza que muchos generalmente aprendemos de la manera más difícil: las carreras se ganan a paso lento pero constante.*

Paso a paso

En continuo avance

Quienes solo disfrutan de ciertos momentos de éxtasis en la vida no saben lo que es la experiencia continua de victoria en Cristo.

No que ya lo haya alcanzado o que ya haya llegado a ser perfecto, sino que sigo adelante, a fin de poder alcanzar aquello para lo cual también fui alcanzado por Cristo Jesús. Hermanos, yo mismo no considero haber*lo* ya alcanzado; pero una cosa *hago:* olvidando lo que *queda* atrás y extendiéndome a lo que *está* delante, ***prosigo hacia la meta para obtener el premio*** del supremo llamamiento de Dios en Cristo Jesús.

Así que todos los que somos perfectos, tengamos esta *misma* actitud; y si en algo tenéis una actitud distinta, eso también os lo revelará Dios...

Hermanos, sed imitadores míos, y observad a los que andan según el ejemplo que tenéis en nosotros. Porque muchos andan como os he dicho muchas veces, y ahora os lo digo aun llorando, *que son* enemigos de la cruz de Cristo, cuyo fin es perdición, cuyo dios es *su* apetito y *cuya* gloria está en su vergüenza, los cuales piensan sólo en las cosas terrenales.

Porque nuestra ciudadanía está en los cielos, de donde también ansiosamente esperamos a un Salvador, el Señor Jesucristo, el cual transformará el cuerpo de nuestro estado de humillación en conformidad al cuerpo de su gloria, por el ejercicio del poder que tiene aun para sujetar todas las cosas a sí mismo.

Pasaje bíblico:
Filipenses 3:12-15,17-21 (LBLA)

Notas

MOMENTO DE DECISIÓN

Suele ocurrir que un equipo de fútbol sorprenda con una serie de victorias cuando en realidad no ha planteado un juego ofensivo ni con pases buenos y rápidos. Los simpatizantes llenarán los estadios, los periodistas invadirán el campo de juego y los diarios llenarán las primeras planas con titulares elogiosos.

Sin embargo, por algún lado habrá un equipo que desde el anonimato seguirá trabajando con su acostumbrada disciplina, con moderada confianza y perfil bajo, e irá ganando partidos con resultados nada espectaculares que apenas recibirán una mención en el noticiario de deportes por considerarlos solo un triunfo más.

Es lógico. Algunos años después, cuando los destellos fulgurantes de ese equipo que, cual la Cenicienta vive su momento, se apaguen tras una derrota que los elimine del torneo, surgirá ese otro equipo que ha estado trabajando duro para llegar a obtener el título del campeonato. Así son las cosas.

Por eso, no te desanimes si tus victorias no te llevan al púlpito o no cuentan con el aplauso de la multitud, ya que tu Entrenador se siente satisfecho con tu desempeño firme y constante.

"Debemos conformarnos con nuestra porción diaria, sin que nos domine la ansiedad por todo lo que, como un torbellino, gira a nuestro alrededor en este universo de Dios."

Hannah Whitall Smith

AVANCEMOS *Las resoluciones o las tácticas personales no alcanzan para resistir a la tentación. La fuerza de voluntad se acaba antes de lo que piensas.*

Solo no se puede

Fuerza de voluntad insuficiente

A veces creemos que podemos sobrellevar los momentos difíciles de la vida. ¡Qué engreídos que somos!

El mensaje de la cruz es una locura para los que se pierden; en cambio, para los que se salvan, es decir, para nosotros, este mensaje es el poder de Dios. Pues está escrito: "Destruiré la sabiduría de los sabios; frustraré la inteligencia de los inteligentes."

¿Donde está el sabio? ¿Dónde el erudito? ¿Dónde el filósofo de esta época? ¿No ha convertido Dios en locura la sabiduría de este mundo?...

Pues la locura de Dios es más sabia que la sabiduría humana, y ***la debilidad de Dios es más fuerte que la fuerza humana.***

Hermanos, consideren su propio llamamiento: No muchos de ustedes son sabios, según criterios meramente humanos; ni son muchos los poderosos ni muchos los de noble cuna. Pero Dios escogió lo insensato del mundo para avergonzar a los sabios, y escogió lo débil del mundo para avergonzar a los poderosos.

También escogió Dios lo más bajo y despreciado, y lo que no es nada, para anular lo que es, a fin de que en su presencia nadie pueda jactarse.

Pero gracias a él ustedes están unidos a Cristo Jesús, a quien Dios ha hecho nuestra sabiduría —es decir, nuestra justificación, santificación y redención.

Pasaje bíblico:
1 Corintios 1:18-20,25-30 (NVI)

MOMENTO DE DECISIÓN

Puedes tratar de huir de la tentación, mantener una charla introspectiva o idear algún ingenioso sistema que haga que tu mente se concentre en otra cosa. Sin embargo, tarde o temprano todas tus estrategias se esfumarán y te encontrarás hundido en el fango.

Acepta la experiencia de los que hemos pasado por esto.

La fuerza de voluntad puede lograr muchísimas cosas, menos una victoria perdurable en tus áreas pecaminosas.

Por eso el cristiano que ya no da más, que está cansado de caer una y otra vez en el pecado, un día tira la toalla, deja de lado sus pesadas armas y permite que Dios pelee por él esta batalla... "porque el que está en ustedes es más poderoso que el que está en el mundo" (1 Juan 4:4, NVI).

Haz oídos sordos a la tentación y recita los versículos que nos recuerdan que debemos considerarnos "muertos al pecado" (Romanos 6:11, NVI) y que nos aconsejan: "[no] den cabida al diablo" (Efesios 4:27, NVI). "Porque la batalla no es de ustedes sino mía" (2 Crónicas 20:15, NVI). Manténte alerta y siéntate a contemplar la victoria divina.

"No podemos hablar de la rectitud divina y de la nuestra al mismo tiempo, pero podemos testimoniar de la rectitud de Dios en nuestras vidas."

Jim Gilbert

Notas

AVANCEMOS *Hace falta mucha gracia admirable para cambiar a un pecador rebelde y obstinado en un hijo del Dios vivo, pero eso no es lo único admirable que puede hacer la gracia de Dios.*

Infalible

La gracia de Dios

En este momento eres tan dependiente de la gracia divina como al principio.

Porque la gracia de Dios se ha manifestado para salvación a todos los hombres, ***enseñándonos que, renunciando a la impiedad y a los deseos mundanos,*** vivamos en este siglo sobria, justa y piadosamente, aguardando la esperanza bienaventurada y la manifestación gloriosa de nuestro gran Dios y Salvador Jesucristo, quien se dio a sí mismo por nosotros para redimirnos de toda iniquidad y purificar para sí un pueblo propio, celoso de buenas obras…

Pero cuando se manifestó la bondad de Dios nuestro Salvador, y su amor para con los hombres, nos salvó, no por obras de justicia que nosotros hubiéramos hecho, sino por su misericordia, por el lavamiento de la regeneración y por la renovación en el Espíritu Santo, el cual derramó en nosotros abundantemente por Jesucristo nuestro Salvador, para que justificados por su gracia, viniésemos a ser herederos conforme a la esperanza de la vida eterna.

Palabra fiel es esta, y en estas cosas quiero que insistas con firmeza, para que los que creen en Dios procuren ocuparse en buenas obras. Estas cosas son buenas y útiles a los hombres…

La gracia sea con todos vosotros.

Pasaje bíblico:

Tito 2:11-14; 3:4-8,15b

(RV1960)

Notas

MOMENTO DE DECISIÓN

Todos hemos experimentado angustia por haberle fallado al Señor. Nos golpeamos la frente con el puño a la vez que cerramos los ojos porque no podemos creerlo. Estamos contrariados. Lo hicimos otra vez. ¿Cómo se lo vamos a explicar a Dios?

No necesitamos hacerlo; Él ya lo sabe. Y una vez que nos hemos martirizado lo suficiente, nos damos cuenta de que podemos dejar nuestro lugar de humillación y vergüenza para mirar hacia su trono... "para que recibamos misericordia, y hallemos gracia para la ayuda oportuna" (Hebreos 4:16, LBLA).

> **"La gracia de Dios no es un traje dominguero sino que es para usarlo todos los días."**
> **Sheila Walsh**

La gracia, una vez más. Tan dulce y refrescante como la primera vez, cuando nos dejamos caer en sus divinos brazos, grandes y fuertes, y experimentamos la paz de la pureza de Dios que corría por nuestras venas. En ese momento pensamos que habíamos experimentado la totalidad de la gracia. Sin embargo, como las olas del mar que siguen trayendo bendiciones frescas de una fuente inagotable, así también la gracia de Dios nos atrapa, nos envuelve, nos estimula, nos hace seguir avanzando cuando pensamos que hemos caído demasiado bajo. Su gracia permanece y nos suple y es tan asombrosa, como siempre.

AVANCEMOS *Dios ve la grandeza en los lugares más insólitos, aquellos que nosotros tal vez ignoramos o pasamos por alto, pero donde hay personas que hacen pequeñas cosas de gran importancia.*

Héroes ignorados

Grandeza en las pequeñeces

Jamás harás cosas pequeñas si las haces para Dios. Es más, te sorprenderá lo grande que pueden llegar a ser.

Porque *el reino de los cielos es* como un hombre que al emprender un viaje, llamó a sus siervos y les encomendó sus bienes. Y a uno le dio cinco talentos, a otro dos, y a otro uno, a cada uno conforme a su capacidad; y se fue de viaje.

El que había recibido los cinco talentos, enseguida fue y negoció con ellos y ganó otros cinco talentos. Asimismo el que *había recibido* los dos *talentos* ganó otros dos. Pero el que había recibido uno, fue y cavó en la tierra y escondió el dinero de su señor.

Después de mucho tiempo vino el señor de aquellos siervos, y arregló cuentas con ellos. Y llegando el que había recibido los cinco talentos, trajo otros cinco talentos, diciendo: "Señor, me entregaste cinco talentos; mira, he ganado otros cinco talentos." Su señor le dijo: "Bien, siervo bueno y fiel; en lo poco fuiste fiel, sobre mucho te pondré; entra en el gozo de tu señor"...

El que es fiel en lo muy poco, es fiel también en lo mucho; y el que es injusto en lo muy poco, también es injusto en lo mucho.

Pasaje bíblico:

Mateo 25:14-21;
Lucas 16:10 (LBLA)

Notas

MOMENTO DE DECISIÓN

Tal vez sea solo una breve nota de aliento escrita para que alguien no baje los brazos, para que sepa que Dios no lo ha olvidado.

O quizás largas e interminables horas de imperceptible presencia junto a una cama de hospital donde yace una abuela moribunda, acariciando su mano y susurrando frases que jamás recordará.

Y qué decir de ese juego de muñecas, con vocecitas incluidas, que compartes con tu pequeña de cuatro años aun cuando estás a cincuenta páginas del apasionante final de tu novela de suspenso favorita.

Dios considera importantes a aquellos que no rechazan el ministerio en las sombras sino que están dispuestos a ser fieles en lo que no se ve, a ser humildes cuando no haya reconocimiento y que no temen decir "no" a sus propios deseos. "Bienaventurados los humildes, porque ellos heredarán la tierra" (Mateo 5:5, LBLA). Conocerán el gozo que proviene de una palabra amable, del placer de invitar a alguien con una taza de café. Conocerán antes que nosotros que el verdadero significado de la vida está en disfrutar de las pequeñas cosas.

> **"Se espera que vivamos triunfantes sin aquello que seguramente deseamos. La plena provisión se reserva para ese tipo de vida."**
>
> **Amy Carmichael**

AVANCEMOS *Si eres llevado hacia aspectos del ministerio que pasan inadvertidos, lentamente dejarás de centrarte en ti mismo para concentrarte en quienes te rodean.*

Siempre listo

Pendiente de los demás

Tus deseos te han dominado toda la vida. Es hora de cambiar: ¡Piensa en los demás!

Y se le acercaron Jacobo y Juan, los dos hijos de Zebedeo, diciéndole: Maestro, queremos que hagas por nosotros lo que te pidamos.

Y El les dijo: ¿Qué queréis que haga por vosotros? Ellos le dijeron: Concédenos que en tu gloria nos sentemos uno a tu derecha y el otro a *tu* izquierda.

Pero Jesús les dijo: No sabéis lo que pedís. ¿Podéis beber la copa que yo bebo, o ser bautizados con el bautismo con que soy bautizado?

Y ellos le dijeron: Podemos. Y Jesús les dijo: La copa que yo bebo, beberéis; y seréis bautizados con el bautismo con que yo soy bautizado. Pero el que os sentéis a mi derecha o a *mi* izquierda, no es mío el concederlo, sino que es para quienes ha sido preparado.

Al oír *esto,* los diez comenzaron a indignarse contra Jacobo y Juan. Y llamándolos junto a sí, Jesús les dijo: Sabéis que los que son reconocidos como gobernantes de los gentiles se enseñorean de ellos, y que sus grandes ejercen autoridad sobre ellos.

Pero entre vosotros no es así, sino que cualquiera de vosotros que desee llegar a ser grande será vuestro servidor, y cualquiera de vosotros que desee ser el primero será siervo de todos. ***Porque ni aun el Hijo del Hombre vino para ser servido, sino para servir,*** y para dar su vida en rescate por muchos.

Pasaje bíblico:
Marcos 10:35-45 (LBLA)

MOMENTO DE DECISIÓN

Notas

Se suponía que en esta época íbamos a trabajar menos días a la semana y que gracias a las computadoras y a la simplificación de la vida disfrutaríamos de nuestras comodidades modernas. Nuestro mayor desafío iba a ser qué hacer con nuestro supuesto tiempo libre.

¡Qué gracioso!

¿Has visto otra época en que la gente padeciera semejante presión laboral, jornadas cada vez más largas, plazos cada vez más reducidos, agendas imposibles y expectativas cada vez mayores? Con la poca energía que nos queda luego de ganarnos el salario, hacer algunas compras y ordenar medianamente nuestra casa, nos dejamos caer en el sillón con una taza de té en la mano y la esperanza de que nadie nos moleste. Con este ritmo de vida, no tenemos tiempo para dedicar a las personas.

¡Qué excelente oportunidad para mostrar el amor de Cristo! Cada vez que renunciemos a la comodidad de nuestro sillón para atender una necesidad, para servir a un hermano o para ayudar a un vecino, lo estaremos mostrando a la multitud. Es una oportunidad para que brillemos "como estrellas en el firmamento" (Filipenses 2:15, NVI) y veamos cómo se ilumina el rostro de Dios.

"Cuando nos entregamos a Dios, Él nos regala algo maravilloso: la posibilidad de demostrar el amor de Cristo a aquellos que pone en nuestro camino."

Doris Greig

AVANCEMOS *Está todo dispuesto para que seas una herramienta útil para Dios, para que te transformes en la lente a través de la cual la gente pueda sentir el amor de Dios, experimentar su gracia divina y hallar la vida que solo Él puede dar.*

Una vida de servicio

Dedicado al ministerio

Cuando te entregues por completo a los demás serás plenamente feliz. Haz la prueba.

Su divino poder, al darnos el conocimiento de aquel que nos llamó por su propia gloria y potencia, nos ha concedido todas las cosas que necesitamos para vivir como Dios manda. Así Dios nos ha entregado sus preciosas y magníficas promesas para que ustedes, luego de escapar de la corrupción que hay en el mundo debido a los malos deseos, lleguen a tener parte en la naturaleza divina.

Precisamente por eso, esfuércense por añadir a su fe, virtud; a su virtud, entendimiento; al entendimiento, dominio propio, constancia; a la constancia, devoción a Dios; a la devoción a Dios, afecto fraternal; y al afecto fraternal, amor.

Porque estas cualidades, si abundan en ustedes, les harán crecer en el conocimiento de nuestro Señor Jesucristo, y evitarán que sean inútiles e improductivos. En cambio, el que no las tiene es tan corto de vista que ya ni ve, y se olvida de que ha sido limpiado de sus antiguos pecados.

Por lo tanto, hermanos, esfuércense más todavía por asegurarse del llamado de Dios, que fue quien los eligió. Si hacen estas cosas, no caerán jamás, y se les abrirán de par en par las puertas del reino eterno de nuestro Señor y Salvador Jesucristo.

Pasaje bíblico:
2 Pedro 1:3-11 (NVI)

Notas

MOMENTO DE DECISIÓN

Él tenía 88 años, edad suficiente como para saber de qué hablaba. Justo lo encontraste en uno de esos días en que tenía ganas de conversar. Fuiste con un grupo de la iglesia a visitar un hogar geriátrico como parte de un proyecto ministerial. Al principio no estabas muy seguro de ir, pero como sucede en casos así en que uno intenta algo nuevo, Dios pone a la persona justa en tu camino. En tu caso, fue una persona que hablaba y hablaba.

Con toda amabilidad hiciste enormes esfuerzos por no interrumpirlo o fingiste que otras personas te estaban esperando. Te costaba seguirle el hilo, sin embargo, asentías con genuino interés.

De pronto él se inclina hacia adelante, agita un dedo frente a tu rostro mientras entrecierra sus ojos. Te mira fijamente a través de gruesos cristales como si viera en ti cada precioso momento que desearía poder retener y te dice: "Quiero que escuches un consejo de este viejo: `Ama a las personas, haz el bien a todo el que puedas, dedica tiempo para ayudar al prójimo… La gente es lo único que vale la pena´."

Aceptalo de alguien que sabe lo que dice. La gente es lo único que vale la pena.

"Jesús es el líder y yo su seguidor. Mi objetivo para este día es cumplir con lo que Él tiene programado y demostrar amor a todos los que Él ponga en mi camino."

John Kramp

AVANCEMOS *Junto a una nueva manera de pensar, tú como creyente recibes un nuevo conjunto de características cristianas para desarrollar, para disfrutar y para usar, como prueba de que tu Dios es real.*

Parte 5

Evidencias de crecimiento

Portar el título de cristiano puede generar todo tipo de agresiones por parte de la gente, en especial de aquellos que achacan los problemas del mundo a la hipocresía en la iglesia en vez de hacerse cargo de sus propias vidas. Es muy raro que logres convencerlos del amor de Dios por el lado de la persuasión o la elocuencia. Lo que los conquistará definitivamente será que ofrezcas frutos tan agradables que no puedan resistirse.

Todo en orden

Paz

Saber que Jesús tiene el control de la situación te hará sentir alivio en las circunstancias más estresantes.

Por tanto, habiendo sido justificados por la fe, tenemos paz para con Dios por medio de nuestro Señor Jesucristo, por medio de quien también hemos obtenido entrada por la fe a esta gracia en la cual estamos firmes, y nos gloriamos en la esperanza de la gloria de Dios…

Regocijaos en el Señor siempre. Otra vez *lo* diré: ¡Regocijaos! Vuestra bondad sea conocida de todos los hombres. El Señor está cerca. Por nada estéis afanosos; antes bien, en todo, mediante oración y súplica con acción de gracias, sean dadas a conocer vuestras peticiones delante de Dios. Y la paz de Dios, que sobrepasa todo entendimiento, guardará vuestros corazones y vuestras mentes en Cristo Jesús…

Muchos dicen: ¿Quién nos mostrará el bien? ¡Alza, oh SEÑOR, sobre nosotros la luz de tu rostro!

Alegría pusiste en mi corazón, mayor que *la de ellos* cuando abundan su grano y su mosto.

En paz me acostaré y así también dormiré; porque sólo tú, SEÑOR, me haces habitar seguro…

Al de firme propósito guardarás en perfecta paz, porque en ti confía.

Confiad en el SEÑOR para siempre, porque en DIOS el SEÑOR, *tenemos* una Roca eterna.

Pasaje bíblico:

Romanos 5:1-2;
Filipenses 4:4-7; Salmo 4:6-8;
Isaías 26:3-4 (LBLA)

MOMENTO DE DECISIÓN

Notas

Los descarrilamientos no ocupan a diario la pantalla de los noticiarios vespertinos, pero si miras a tu alrededor y contemplas la vida de quienes te rodean, de tus conocidos, verás que se produce al menos uno por día.

Eso sucede porque la vida puede transcurrir con cierta normalidad durante algún tiempo y hacer que los pasajeros reclinen su asiento y descansen, seguros de sí. Sin embargo, tarde o temprano se toparán con alguna turbulencia: un llamado a las cuatro de la mañana, un súbito dolor en el pecho, un hijo adolescente que no quiere que se entrometan en su vida; es ahí, entonces, cuando nos asaltará un temor paralizante que nos hace tomar conciencia de que la vida no es un lecho de rosas.

> **"La plena confianza en que Dios está a cargo de todo es un signo de madurez espiritual. Es allí cuando no se necesita entender por qué Él hace lo que hace."**
> **Charles Swindoll**

En el preciso instante en que se siente pánico ante una emergencia y cualquier ayuda parece estar a miles de kilómetros, es justo cuando se ansía poder sentir paz. En medio de las largas y solitarias horas de la noche, uno daría cualquier cosa por tener un amigo como Dios con quien hablar... tal como lo haces tú.

Eres testigo de la paz de Dios cada vez que mantienes la calma en medio de un golpe de la vida. Tienes que estar preparado porque ahí se ve tu confianza en Él.

AVANCEMOS *No vas a tener todo lo que quieras en la vida, pero Dios te ha prometido que tendrás todo lo necesario. Puedes aprender a conformarte con eso.*

Satisfecho

Contentamiento

¿Cuánto tiempo y energía ahorrarías si te conformaras con lo que tienes?

Sé lo que es vivir en la pobreza, y lo que es vivir en la abundancia. ***He aprendido a vivir en todas y cada una de las circunstancias***, tanto a quedar saciado como a pasar hambre, a tener de sobra como a sufrir escasez. Todo lo puedo en Cristo que me fortalece…

Si alguien enseña falsas doctrinas, apartándose de la sana enseñanza de nuestro Señor Jesucristo y de la doctrina que se ciñe a la verdadera religión, es un obstinado que nada entiende.

Ese tal padece del afán enfermizo de provocar discusiones inútiles que generan envidias, discordias, insultos, suspicacias y altercados entre personas de mente depravada, carentes de la verdad. Éste es de los que piensan que la religión es un medio de obtener ganancias.

Es cierto que con la verdadera religión se obtienen grandes ganancias, pero sólo si uno está satisfecho con lo que tiene. Porque nada trajimos a este mundo, y nada podemos llevarnos. Así que, si tenemos ropa y comida, contentémonos con eso.

Los que quieren enriquecerse caen en la tentación y se vuelven esclavos de sus muchos deseos. Estos afanes insensatos y dañinos hunden a la gente en la ruina y en la destrucción. Porque el amor al dinero es la raíz de toda clase de males.

Pasaje bíblico:
Filipenses 4:12-13;
1 Timoteo 6:3-10a (NVI)

Notas

MOMENTO DE DECISIÓN

El contentamiento cristiano va más allá del modelo de nuestro auto o de la cantidad de prendas en el ropero. Incluso no nos cuesta comprender, aunque más no sea intelectualmente, que podemos estar bien con las cosas que tenemos aunque no sean el último modelo, el más veloz o el más elegante. Nos damos cuenta de que no podemos seguir en ese tren de vida. Lo que hoy nos resulta un preciado tesoro, mañana lo desecharemos sin miramientos.

El contentamiento es más que una cuestión material; se trata de levantarnos cada mañana satisfechos por lo que somos. No por lo que el pecado ha causado en nuestra vida sino por lo que Dios ha invertido en nosotros. Implica estar feliz con nuestra manera de ser y con la función que Dios ha dispuesto que cumplamos en la vida. Es estar satisfecho con el trabajo que nos ha dado, aun si nos parece inadecuado para el llamado que sentimos. Es sentirnos conformes de ser personas honradas e íntegras, incluso cuando se mofen de nosotros por ello.

"El contentamiento es una conducta aprendida, una habilidad que se adquiere. No es algo que sencillamente se da ante determinadas circunstancias."

Mary Hunt

Puedes abandonar tu búsqueda. En Jesucristo te puedes sentir plenamente realizado. Él te está ayudando a ser lo que eres. Está satisfecho con eso.

AVANCEMOS *La gente humilde no intenta atraer la atención de los demás; no porque no conozca su valía, sino porque sabe que la importancia de servir a otros es algo que solo Dios puede apreciar.*

No me agradezcan

Humildad

Para sentirse satisfecho al irse a acostar es necesario pasar el día pensando en los demás.

¿Con qué me presentaré ante Jehová, y adoraré al Dios Altísimo? ¿Me presentaré ante él con holocaustos, con becerros de un año? ¿Se agradará Jehová de millares de carneros, o de diez mil arroyos de aceite? ¿Daré mi primogénito por mi rebelión, el fruto de mis entrañas por el pecado de mi alma?

Oh hombre, él te ha declarado lo que es bueno, y qué pide Jehová de ti: solamente hacer justicia, y amar misericordia, y humillarte ante tu Dios…

No te niegues a hacer el bien a quien es debido, cuando tuvieres poder para hacerlo. No digas a tu prójimo: "Anda, y vuelve, y mañana te daré", cuando tienes contigo qué darle…

Finalmente, sed todos de un mismo sentir, compasivos, amándoos fraternalmente, misericordiosos, amigables…

Y todos, sumisos unos a otros, revestíos de humildad; porque: ***Dios resiste a los soberbios, y da gracia a los humildes.***

Humillaos, pues, bajo la poderosa mano de Dios, para que él os exalte cuando fuere tiempo.

Pasaje bíblico:

Miqueas 6:6-8;
Proverbios 3:27-28;
1 Pedro 3:8; 5:5b-6 (RV1960)

MOMENTO DE DECISIÓN

Seguro que no lo conoces. Vive en un pueblito y predica en una iglesia pequeña; su sueldo es tan escaso que además tiene que trabajar en una fábrica de ropa a fin de proveer para su esposa e hijos. No es de ese tipo de personas que impactan con su presencia al entrar en una sala. Es bajito. Podrías haberte cruzado con él al ir de compras o haber estado detrás de él en la fila del supermercado sin siquiera prestarle atención.

Este hombre bajito, de vida sencilla, es un gigante entre los hombres. Sus sermones del domingo son respaldados por interminables acciones de bien realizadas a lo largo de la semana. ¿Cuántas veces habrá sorprendido a sus vecinos con una bolsa de frutos de su huerta o habrá cortado el césped de aquella anciana viuda? ¿Y cuántos desconocidos habrán recibido la camisa o hasta el abrigo que él llevaba puesto?

Jamás lo sabrás. Él no lo dice.

Hace falta ser una gran persona para ser verdaderamente humilde.

"La perfecta sabiduría consiste en aprender a ser desconocido, en pensar que uno no vale nada y en tener un buen y alto concepto de los demás."

Tomás de Kempis

Notas

AVANCEMOS *Si al pánico Dios responde con su paz y a la codicia con contentamiento; si al reconocimiento personal responde con humildad, ¿cuál será la respuesta para las preocupaciones? La paciencia.*

Espera tu turno

Paciencia

En algún momento se encenderá la luz verde y comprenderás por qué has tenido que esperar tanto tiempo.

Por tanto, hermanos, tened paciencia hasta la venida del Señor. Mirad cómo el labrador espera el precioso fruto de la tierra, aguardando con paciencia hasta que reciba la lluvia temprana y la tardía. Tened también vosotros paciencia, y afirmad vuestros corazones; porque la venida del Señor se acerca. Hermanos, no os quejéis unos contra otros, para que no seáis condenados; he aquí, el juez está delante de la puerta.

Hermanos míos, tomad como ejemplo de aflicción y de paciencia a los profetas que hablaron en nombre del Señor. He aquí, tenemos por bienaventurados a los que sufren. Habéis oído de la paciencia de Job, y habéis visto el fin del Señor, que el Señor es muy misericordioso y compasivo…

A ti, oh Jehová, levantaré mi alma. Dios mío, en ti confío…

Ciertamente ninguno de cuantos esperan en ti será confundido; serán avergonzados los que se rebelan sin causa.

Muéstrame, oh Jehová, tus caminos; enséñame tus sendas. Encamíname en tu verdad, y enséñame, porque *tú eres el Dios de mi salvación; en ti he esperado todo el día.*

Acuérdate, oh Jehová, de tus piedades y de tus misericordias, que son perpetuas.

Pasaje bíblico:

Santiago 5:7-11;
Salmo 25:1-2a,3-6 (RV1960)

MOMENTO DE DECISIÓN

Lunes. "Señor, esta semana espero saber algo acerca de ese nuevo empleo. Seré paciente, Señor... sé que tú te harás cargo."

Martes. "Señor, esperaba saber algo ayer, pero está bien. Necesito que me ayudes a tener paciencia hasta que tenga novedades."

Miércoles. "Quisiera saber qué pasa pero no quiero que piensen que estoy ansioso. Tal vez deba seguir esperando pero... si no los llamo, a lo mejor piensan que no me interesa. No sé qué hacer. Señor, ¿qué hago? Ya no soporto más esta espera."

Jueves. "¡No lo puedo creer! Seguro que han contratado a otro. Señor, no lo comprendo... ya son las siete de la tarde del jueves, y todavía no..."

"¡Hola! Ah, bueno... me parece bien. ¿Me aceptaron? ¡Perfecto! El lunes... sí... Lo llamaré. Muy bien... gracias.

"¡Qué bueno! Conseguí empleo. ¡Conseguí empleo! Es increíble... Lo que es increíble es lo impaciente que he sido contigo, Señor. Pero voy a aprender ¿verdad?"

Notas

"Dios usa el tiempo de espera hasta el cumplimiento de sus promesas a fin de prepararnos para la respuesta."

Neva Coyle

AVANCEMOS *Cualquiera puede esbozar una sonrisa, pero aquellos que son verdaderamente felices en todo momento, cualquiera sea la situación, son quienes han hecho que Jesucristo sea el gozo de su vida.*

Mejor que nunca

Gozo

Hay algo mucho mejor que la felicidad y solo Cristo te lo puede dar. ¡Disfrútalo!

Te ensalzaré, oh SEÑOR, porque me has elevado, y no has permitido que mis enemigos se rían de mí.

Oh SEÑOR, Dios mío, a ti pedí auxilio y me sanaste. Oh SEÑOR, has sacado mi alma del Seol; me has guardado con vida, para que no descienda al sepulcro.

Cantad alabanzas al SEÑOR, vosotros sus santos, y alabad su santo nombre. Porque su ira es sólo por un momento, *pero* su favor es por toda una vida; ***el llanto puede durar toda la noche, pero a la mañana vendrá el grito de alegría.***

Y en mi prosperidad yo dije: Jamás seré conmovido. Oh SEÑOR, con tu favor has hecho que mi monte permanezca fuerte; tú escondiste tu rostro, fui conturbado.

A ti, oh SEÑOR, clamé, y al Señor dirigí mi súplica: ¿Qué provecho hay en mi sangre si desciendo al sepulcro? ¿*Acaso* te alabará el polvo? ¿Anunciará tu fidelidad? Escucha, oh SEÑOR, y ten piedad de mí; oh SEÑOR, sé tú mi socorro.

Tú has cambiado mi lamento en danza; has desatado mi cilicio y me has ceñido de alegría; para que *mi* alma te cante alabanzas y no esté callada. Oh SEÑOR, Dios mío, te alabaré por siempre.

Pasaje bíblico:

Salmo 30:1-12 (LBLA)

MOMENTO DE DECISIÓN

Notas

Conoces a gente gozosa. Son los que saben disfrutar de una carcajada franca ante un buen chiste sano. Son los que se deleitan de la misma manera ante un helado de crema y chocolate como ante una opípara cena. Son los que se emocionan ante las viejas películas y añoran el buen cine de otras épocas.

El gozo es algo tan pleno, tan rico y tan generoso que no se puede encerrar en una sonrisa. El gozo que Dios da a quienes tienen sus pecados perdonados, cuyo destino es certero y cuyo corazón se brinda a los demás, sobrepasa a todas las emociones e irradia la presencia divina en momentos tan oscuros como la muerte misma.

Disfruta plenamente del lugar donde estés. Vive con intensidad cualquier situación que sepas que está en la voluntad de Dios.

Jim Elliot

"El gozo del Señor es nuestra fortaleza" (Nehemías 8:10, NVI). A medida que profundices en la Palabra de Dios, te deleites en su amor e ingreses más en su divina presencia, Él te revelará motivos por los cuales gozarte en cada situación, y te dará oportunidades para compartir semejante abundancia con todos los que te rodean.

AVANCEMOS *Mientras ejercitas tus músculos espirituales practicando el gozo, te encontrarás con otra virtud que hará que te deshagas de aspectos innecesarios de la carne.*

Con lo elemental

Sencillez

No es algo fácil de hacer, pero en realidad es algo muy sencillo: Pon a Dios en primer lugar, y lo demás se acomoda solo.

Y que procuréis tener tranquilidad, y ocuparos en vuestros negocios, y trabajar con vuestras manos de la manera que os hemos mandado, a fin de que os conduzcáis honradamente para con los de afuera, y no tengáis necesidad de nada...

Por lo cual, desechando la mentira, hablad verdad cada uno con su prójimo; porque somos miembros los unos de los otros. Airaos, pero no pequéis; no se ponga el sol sobre vuestro enojo, ni deis lugar al diablo. El que hurtaba, no hurte más, sino trabaje, haciendo con sus manos lo que es bueno, para que tenga qué compartir con el que padece necesidad.

Ninguna palabra corrompida salga de vuestra boca, sino la que sea buena para la necesaria edificación, a fin de dar gracia a los oyentes. Y no contristéis al Espíritu Santo de Dios, con el cual fuisteis sellados para el día de la redención. Quítense de vosotros toda amargura, enojo, ira, gritería y maledicencia, y toda malicia. Antes sed benignos unos con otros, misericordiosos, perdonándoos unos a otros, como Dios también os perdonó a vosotros en Cristo.

Pasaje bíblico:
1 Tesalonicenses 4:11-12;
Efesios 4:25-32 (RV1960)

MOMENTO DE DECISIÓN

Notas

"¡Quién pudiera simplificar la vida!"

Si piensas así, seguro que lo expresaste en innumerables ocasiones y habrás podido ver que muchos apoyan tu deseo. Este mundo moderno, plagado de tarjetas de crédito, de vencimientos de deudas por compras a plazo, de jornadas laborales de diez horas o más y largas noches de insomnio, ha diezmado nuestra capacidad de aguante y nos deja completamente hundidos, con el agua hasta el cuello.

Dios tiene una respuesta. Y no se trata de una semana de vacaciones en la playa ni de una herencia de un pariente rico. Es el firme propósito de amar y servir a Dios a pesar de las circunstancias de la vida.

Imagina que te levantas una mañana con las mismas presiones y exigencias pero con la confianza plena de que Dios usará cada cosa para hacer que tu vida sea más útil para Él, para colocar en tu camino a las personas que te necesitan, para darte el discernimiento de aquello que Él está preparando para el siguiente desafío a enfrentar. Si Dios tiene tu corazón, Él te ayudará a manejar tus problemas.

"Una vida con santa sencillez es aquella que ha llegado a ser sencilla en su integridad, su devoción y su libertad interior. Es una vida que sencillamente pertenece solo a Dios."

James Houston

AVANCEMOS *Aun tu cuerpo ha sido renovado por Dios al recibir la salvación en Cristo. Mantenerlo puro es tu responsabilidad.*

Cuidados del templo

Dominio propio

Quizás no estés totalmente satisfecho con el cuerpo que Dios te ha dado, pero ahora Él habita en ti y debes cuidarlo.

"Todo me está permitido", pero no todo es para mi bien. "Todo me está permitido", pero no dejaré que nada me domine.

"Los alimentos son para el estómago y el estómago para los alimentos"; así es, y Dios los destruirá a ambos. Pero el cuerpo no es para la inmoralidad sexual sino para el Señor, y el Señor para el cuerpo.

Con su poder Dios resucitó al Señor, y nos resucitará también a nosotros.

¿No saben que sus cuerpos son miembros de Cristo mismo? ¿Tomaré acaso los miembros de Cristo para unirlos con una prostituta? ¡Jamás!

¿No saben que el que se une a una prostituta se hace un solo cuerpo con ella? Pues la Escritura dice: "Los dos llegarán a ser un solo cuerpo". Pero el que se une al Señor se hace uno con él en espíritu.

Huyan de la inmoralidad sexual. Todos los demás pecados que una persona comete quedan fuera de su cuerpo; pero el que comete inmoralidades sexuales peca contra su propio cuerpo.

¿Acaso no saben que su cuerpo es templo del Espíritu Santo, quien está en ustedes y al que han recibido de parte de Dios? Ustedes no son sus propios dueños; fueron comprados por un precio. Por tanto, honren con su cuerpo a Dios.

Pasaje bíblico:

1 Corintios 6:12-20 (NVI)

MOMENTO DE DECISIÓN

La casa de Dios es sagrada, de ahí que uno no comería una hamburguesa con papas fritas en la iglesia. Tampoco apoyarías en los bancos tus zapatos embarrados ni contarías un chiste grosero desde el púlpito. Nada de esto harías en el templo porque sientes respeto, aunque no te importe demasiado tu reputación. Incluso los que asisten solo en Navidad y Pascuas lo saben.

Sin embargo, tal vez no has tenido en cuenta que esos ojos con los que miras son las ventanas de la casa de Dios. Tus oídos son el equipo de sonido. Todo lo que tus manos hacen o donde van tus pies, se ve en la pantalla de tu corazón, en el santuario de tu alma. Todo sucede en el templo vivo del único y verdadero Dios. Sucede en tu interior.

Por lo tanto, cuando te atiborras de golosinas en vez de ingerir alimentos saludables, o cuando constantemente eliges un programa de TV en vez de usar tu bicicleta fija, y cuando das lugar a la tentación sexual en vez de transitar por el camino de la pureza, es como si lo estuvieras haciendo en medio de la casa de Dios. Nunca lo olvides.

"Hemos sido adquiridos por el mismísimo Cristo en el mercado de esclavos del pecado. No tenemos derecho de dañar propiedad ajena."

O. S. Hawkins

Notas

AVANCEMOS *Ya creíste en lo increíble: que el Dios de los cielos te ama con amor eterno. ¿Por qué, entonces, te cuesta tanto creer que Él puede cumplir todo lo que promete?*

Sigo creyendo

Fe

Es difícil creer en algo que tus ojos no pueden ver, pero no hay nada en el mundo imposible para Dios.

Cuando *Jesús* terminó todas sus palabras al pueblo que le oía, se fue a Capernaúm. Y el siervo de cierto centurión, a quien éste apreciaba mucho, estaba enfermo y a punto de morir. Al oír *hablar* de Jesús, *el centurión* envió a El unos ancianos de los judíos, pidiéndole que viniera y salvara a su siervo. Cuando ellos llegaron a Jesús, le rogaron con insistencia, diciendo: *El centurión* es digno de que le concedas esto; porque él ama a nuestro pueblo y fue él quien nos edificó la sinagoga.

Jesús iba con ellos, pero cuando ya no estaba lejos de la casa, el centurión envió a unos amigos, diciéndole: Señor, no te molestes más, porque no soy digno de que entres bajo mi techo; por eso ni siquiera me consideré digno de ir a ti, tan sólo di la palabra y mi siervo será sanado. Pues yo también soy hombre puesto bajo autoridad, y tengo soldados bajo mis órdenes; y digo a éste: "Ve", y va; y a otro: "Ven", y viene; y a mi siervo: "Haz esto", y lo hace.

Al oír esto, Jesús se maravilló de él, y volviéndose, dijo a la multitud que le seguía: ***Os digo que ni aun en Israel he hallado una fe tan grande***. Y cuando los que habían sido enviados regresaron a la casa, encontraron sano al siervo.

Pasaje bíblico:

Lucas 7:1-10 (LBLA)

Notas

MOMENTO DE DECISIÓN

El panorama no puede ser peor. Te han diagnosticado una enfermedad que pone en peligro tu vida. Los médicos dicen que poco a poco, con el correr de los días, incluso la actividad más rutinaria y sencilla te significará un gran esfuerzo. La perspectiva es desalentadora.

Acudes a Dios y oras con toda la fe de la que eres capaz. Estás totalmente convencido de que te va a sanar. Lo crees; estás seguro.

Sin embargo, pasan los años y el pronóstico se cumple de manera inexorable, de acuerdo a lo anunciado; tu fe no fluctúa sino que aprecias sobremanera cada ocasión en que Dios te ha provisto de esperanza, sobre todo cuando el enojo o la depresión estaban por vencerte.

A medida que vas perdiendo fuerzas, tu familia y tus amigos se multiplican para ayudarte; mientras, tú te mantienes optimista, con fe, y siendo de tanta bendición para con ellos como ellos lo son para contigo. Vives una vida libre de las insignificantes preocupaciones cotidianas que aquejan a la mayoría. Aunque tu muerte sea prematura, dejas tras de ti un legado de fe, una fe que consiguió más de lo que imaginas.

> **"Una persona de fe podrá sufrir pérdidas, pero no estará desolada; desilusión, pero no se sentirá desesperada; adversidad, pero no será derrotada."**
>
> **Dorothy Kelley Patterson**

AVANCEMOS *Ser agradecido es un sello característico de la vida cristiana. Estar agradecido a Dios y a los demás por todo lo que se presente en el camino.*

Gracias por todo

Gratitud

Apartarte del camino para agradecer a alguien fortalecerá tu carácter.

Y aconteció que mientras iba camino a Jerusalén, pasaba entre Samaria y Galilea, y al entrar en cierta aldea, le salieron al encuentro diez hombres leprosos, que se pararon a distancia, y alzaron la voz, diciendo: ¡Jesús, Maestro! ¡Ten misericordia de nosotros!

Cuando El los vio, les dijo: Id y mostraos a los sacerdotes. Y sucedió que mientras iban, quedaron limpios.

Entonces uno de ellos, al ver que había sido sanado, se volvió glorificando a Dios en alta voz. Y cayó sobre su rostro a los pies de Jesús, dándole gracias; y éste era samaritano.

Respondiendo Jesús, dijo: ¿No fueron diez los que quedaron limpios? Y los *otros* nueve… ¿dónde están? ¿No hubo ninguno que regresara a dar gloria a Dios, excepto este extranjero? Y le dijo: Levántate y vete; tu fe te ha sanado…

Que la paz de Cristo reine en vuestros corazones, a la cual en verdad fuisteis llamados en un solo cuerpo; ***y sed agradecidos***. Que la palabra de Cristo habite en abundancia en vosotros, con toda sabiduría enseñándoos y amonestándoos unos a otros con salmos, himnos *y* canciones espirituales, cantando a Dios con acción de gracias en vuestros corazones. Y todo lo que hacéis, de palabra o de hecho, *hacedlo* todo en el nombre del Señor Jesús, dando gracias por medio de El a Dios el Padre.

Pasaje bíblico:

Lucas 17:11-19;

Colosenses 3:15-17 (LBLA)

Notas

MOMENTO DE DECISIÓN

Es cierto, vivimos en un mundo donde el mozo en el restaurante puede demorarse en traer el pedido; donde el electricista sólo puede asegurarte que vendrá en algún momento del día a efectuar la reparación que necesitas con urgencia; donde se puede "caer" el sistema justo cuando necesitas cierta información que está en tu computadora.

Así es la vida.

¡Cuán necesario es que haya más gratitud en el mundo! Hacen falta personas que sonrían a la empleada agobiada y le agradezcan por haber intentado ayudarlas; gente que esté más dispuesta a escribir una carta de felicitación que una queja acalorada. Hacen falta personas que no olviden a quienes le dieron una oportunidad cuando nadie lo hacía; personas dispuestas a trabajar tan duramente por un salario alto como por uno bajo.

Si quieres que las personas conozcan a Cristo, prueba ser agradecido hasta por la mínima cosa que hagan por ti. No pasará mucho tiempo antes de que te reconozcan como alguien que camina con Dios, porque se sienten tratados de manera especial.

"Recibir lo que pedimos no depende de nuestro agradecimiento, pero cuánto se agrada Dios en que nos detengamos para decirle: `Gracias´."

Gigi Graham Tchividijan

AVANCEMOS *Puedes acomodar todas las cualidades de la vida cristiana en un paquete al que darás la forma que quieras, pero debes asegurarte de envolverlo cuidadosamente con un papel muy especial: amor.*

El mayor de ellos

Amor

La vida puede depararte situaciones difíciles, pero el amor puede ayudarte a atravesarlas.

Queridos hermanos, amémonos los unos a los otros, porque el amor viene de Dios, y todo el que ama ha nacido de él y lo conoce. El que no ama no conoce a Dios, porque Dios es amor.

Así manifestó Dios su amor entre nosotros: en que envió a su Hijo unigénito al mundo para que vivamos por medio de él.

En esto consiste el amor: no en que nosotros hayamos amado a Dios, sino en que él nos amó y envió a su Hijo para que fuera ofrecido como sacrificio por el perdón de nuestros pecados.

Queridos hermanos, ***ya que Dios nos ha amado así, también nosotros debemos amarnos los unos a los otros…***

Ese amor se manifiesta plenamente entre nosotros para que en el día del juicio comparezcamos con toda confianza, porque en este mundo hemos vivido como vivió Jesús.

En el amor no hay temor, sino que el amor perfecto echa fuera el temor. El que teme espera el castigo, así que no ha sido perfeccionado en el amor.

Nosotros amamos a Dios porque él nos amó primero. Si alguien afirma: "Yo amo a Dios", pero odia a su hermano, es un mentiroso; pues el que no ama a su hermano, a quien ha visto, no puede amar a Dios, a quien no ha visto. Y él nos ha dado este mandamiento: el que ama a Dios, ame también a su hermano.

Pasaje bíblico:

1 Juan 4:7-11,17-21 (NVI)

MOMENTO DE DECISIÓN

Notas

Las nuevas versiones de la Biblia son acertadas en cuanto a traducir las Escrituras al lenguaje cotidiano. Eso es magnífico. Sin embargo, en aras de transmitir una idea, muchas veces se sacrifica belleza por practicidad. Entonces, por ejemplo se nos llega a dar una orden como: "Ámense los unos a los otros profundamente" (NVI), cuando la versión Reina Valera 1960 lo expresa poéticamente así: "Y ante todo, tened entre vosotros ferviente amor" (1 Pedro 4:8).

Uno no suele acompañar la palabra "amor" con la palabra "ferviente". Quizás podríamos calificar así a un admirador o a un fanático de un equipo de fútbol que se pinta la cara con los colores de su equipo.

Ahora bien, ¿qué te parece si colaboras en la mudanza de tu amigo en tu único día libre? ¿O si preparas comida para dos semanas para esa familia cuyo bebé prematuro aún no ha sido dado de alta? ¿Y qué si le cambias gratis la bomba de agua al automóvil de tu maestro de la Escuela Dominical?

"Amar de verdad a alguien significa que siempre hemos de poner el bienestar de esa persona por encima del nuestro. Dios nos ama de esta manera."
Carol Fitzpatrick

Cuando tu amor por los demás es ferviente, está cuidadosamente calculado, planeado y deliberado. Se trata de un amor que sale al encuentro de las necesidades de los otros. Es un amor apasionado.

AVANCEMOS *Así como alimentas tu espíritu con las singulares cualidades de la vida cristiana, es importante que alimentes tu mente con las verdades de la fe cristiana.*

Parte 6

Buenos conocimientos

Si solo te basas en tu experiencia personal, no tendrás mucho más que decir en cuanto a tu fe que cualquiera que proclama creer en cualquier otra cosa. Sin embargo, cuando tus palabras se basan en la eterna Palabra de Dios, cuentas con un excelente sustento, además de la herencia de hombres y mujeres fieles que edificaron sus vidas sobre ese mismo fundamento.

Supremacía de la fe

La sana doctrina

El primer paso para comprender lo que creen los cristianos es dejar que la Biblia hable por sí misma.

Tú, sin embargo, ***persiste en las cosas que has aprendido y de las cuales te convenciste***, sabiendo de quiénes *las* has aprendido; y que desde la niñez has sabido las Sagradas Escrituras, las cuales te pueden dar la sabiduría que lleva a la salvación mediante la fe en Cristo Jesús.

Toda Escritura es inspirada por Dios y útil para enseñar, para reprender, para corregir, para instruir en justicia, a fin de que el hombre de Dios sea perfecto, equipado para toda buena obra.

Te encargo solemnemente, en la presencia de Dios y de Cristo Jesús, que ha de juzgar a los vivos y a los muertos, por su manifestación y por su reino: Predica la palabra; insiste a tiempo *y* fuera de tiempo; redarguye, reprende, exhorta con mucha paciencia e instrucción.

Porque vendrá tiempo cuando no soportarán la sana doctrina, sino que teniendo comezón de oídos, acumularán para sí maestros conforme a sus propios deseos; y apartarán sus oídos de la verdad, y se volverán a mitos.

Pero tú, sé sobrio en todas las cosas, sufre penalidades, haz el trabajo de un evangelista, cumple tu ministerio.

Pasaje bíblico:
2 Timoteo 3:14-4:5 (LBLA)

Notas

MOMENTO DE DECISIÓN

El mero conocimiento intelectual de Jesucristo resulta inadecuado para comprender quien es Él en realidad. Sin embargo, resulta igualmente peligroso tener un conocimiento basado en lo emocional porque si lo que sabes se basa en lo que sientes, puede que en algún momento "sientas" diferente con respecto a lo que crees saber.

"Nada hay tan engañoso como el corazón. No tiene remedio. ¿Quién puede comprenderlo?" (Jeremías 17:9, NVI). ¿Por qué habrías de confiar en tus observaciones y experiencias personales si Dios te ha dado razones por escrito acerca de su existencia y de tu persona? Si hasta puedes verlas, leerlas, examinarlas, estudiarlas y vislumbrar así el cuadro completo y en detalle, incluso mejor que si lo vieras con tus propios ojos.

"No necesitamos la teología para reemplazar la experiencia sino para encuadrarla y asegurar su salud espiritual."
Dan Scott

La palabra doctrina puede sonar muy intelectual y sofisticada, pero si tu fe es tan importante como aseguras, ¿no querrías saber todo lo posible? ¿No desearías poder responder a las preguntas de los demás con plena certidumbre acerca de los hechos? ¿No deseas contar con su Palabra como respaldo?

AVANCEMOS *Podemos opinar que un nuevo conjunto de música es magnífico, o pensar que el esquí acuático es algo magnífico, o que los tradicionales nachos con queso son magníficos. No... solo Dios es magnífico.*

Mayor que la vida

La santidad de Dios

Dios es nuestro Padre y también nuestro amigo. Sin embargo, nuestro Dios es santo. No debemos olvidarlo.

El SEÑOR reina; regocíjese la tierra; alégrense las muchas islas.

Nubes y densas tinieblas le rodean, justicia y derecho son el fundamento de su trono.

Fuego va delante de El, y quema a sus adversarios en derredor. Sus relámpagos iluminaron el mundo; la tierra vio y se estremeció.

Como cera se derritieron los montes ante la presencia del SEÑOR, ante la presencia del Señor de toda la tierra.

Los cielos proclaman su justicia, y todos los pueblos han visto su gloria.

Sean avergonzados todos los que sirven a imágenes talladas, los que se glorían en los ídolos; adórenle todos los dioses.

Oyó Sion *esto* y se alegró, y las hijas de Judá se han regocijado a causa de tus juicios, oh SEÑOR.

Porque tú eres el SEÑOR, el Altísimo sobre toda la tierra, muy excelso sobre todos los dioses.

Los que amáis al SEÑOR, aborreced el mal; El guarda las almas de sus santos; los libra de la mano de los impíos.

Luz se ha sembrado para el justo, y alegría para los rectos de corazón.

Justos, alegraos en el SEÑOR, y alabad su santo nombre.

Pasaje bíblico:

Salmo 97:1-12 (LBLA)

MOMENTO DE DECISIÓN

Con el objeto de hacer que Dios sea apetecible a una amplia gama de gustos, algunos somos culpables de presentarlo como un ser demasiado cariñoso y un tanto desdibujado. En un intento de que los altos estándares de Dios no aparezcan demasiado bruscos e intimidantes, nos sentimos tentados a suavizar el mensaje y dejamos que las personas se den cuenta del resto cuando se consagren al Señor.

Hemos intentado ser el agente de relaciones públicas de Dios.

Si bien la Biblia nos muestra a un Dios cuyo amor define el verdadero significado del cuidado y la compasión, también nos ordena: "Póstrense ante el Señor en la majestad de su santuario; ¡tiemble delante de él toda la tierra!" (Salmo 96:9, NVI). Su gracia nada significa si no está acompañada de su perfección, y su misericordia pierde brillo si no está enmarcada por su justicia.

Dios quiere que estés cerca de Él. Envió a su Hijo a allanar el camino. Sin embargo, solo al inclinarte ante Él en humildad y temor reverente, y al mirar directamente a la blanca pureza de su rostro glorioso puedes darte cuenta de cuánto te ha amado y cuánto lo amas.

"Si convertimos a Dios en un simple muñeco de nuestra devoción o en un adorno decorativo de nuestra vida cristiana, estamos en serio peligro."

David Wells

AVANCEMOS *Nuestro santo Dios, que si hubiera querido nos podría haber aplastado como a un insecto y haber empezado todo desde cero, no desea otra cosa que tener comunión con nosotros.*

Notas

Prioridad número uno

El divino plan de redención

Todo lo que Dios hace es con un mismo propósito: que la gente vea cuánto los ama.

Pues el amor de Cristo nos apremia, habiendo llegado a esta conclusión: que uno murió por todos, por consiguiente, todos murieron; y por todos murió, para que los que viven, ya no vivan para sí, sino para aquel que murió y resucitó por ellos.

De manera que nosotros de ahora en adelante *ya* no conocemos a nadie según la carne; aunque hemos conocido a Cristo según la carne, sin embargo, ahora ya no *le* conocemos *así*. De modo que si alguno está en Cristo, nueva criatura *es*; las cosas viejas pasaron; he aquí, son hechas nuevas. Y todo esto procede de ***Dios, quien nos reconcilió consigo mismo por medio de Cristo***, y nos dio el ministerio de la reconciliación; a saber, que Dios estaba en Cristo reconciliando al mundo consigo mismo, no tomando en cuenta a los hombres sus transgresiones, y nos ha encomendado a nosotros la palabra de la reconciliación.

Por tanto, somos embajadores de Cristo, como si Dios rogara por medio de nosotros; en nombre de Cristo os rogamos: ¡Reconciliaos con Dios!

Al que no conoció pecado, le hizo pecado por nosotros, para que fuéramos hechos justicia de Dios en El.

Y como colaboradores *con El*, también os exhortamos a no recibir la gracia de Dios en vano; pues El dice: EN EL TIEMPO PROPICIO TE ESCUCHE, Y EN EL DIA DE SALVACION TE SOCORRI. He aquí, ahora es EL TIEMPO PROPICIO; he aquí, ahora es EL DIA DE SALVACION.

Pasaje bíblico:
2 Corintios 5:14-6:2 (LBLA)

Notas

MOMENTO DE DECISIÓN

Hace años que Dios podría haber dado este asunto por finalizado. Tiene en sus manos las llaves que pueden cerrar esta realidad tangible, y puede hacerlo en cualquier momento para reemplazarla por su realidad eterna. Así de rápido. Así de sencillo.

Sin embargo, esa no es su manera de actuar.

"El Señor no tarda en cumplir su promesa, según entienden algunos la tardanza. Más bien, él tiene paciencia con ustedes, porque no quiere que nadie perezca sino que todos se arrepientan" (2 Pedro 3:9, NVI).

Si por Dios fuera, el diablo estaría toda la eternidad en su infame y pequeño mundo infernal completamente solo, sumido en el tormento. El más profundo deseo divino es que todas las personas creadas apelen en contra de la sentencia de muerte que ellos mismos se impusieron, y adopten la plena redención gratuita que Dios ofrece por medio de Jesucristo.

Pero Él no obliga a nadie sino que espera pacientemente, con su mano extendida, y ofrece el único camino a casa, con un profundo deseo de que su pueblo lo acepte.

"El objetivo fundamental de Dios para el ser humano en esta vida es que este llegue a conocerlo en forma personal."
Henry Blackaby

AVANCEMOS *El Camino llegó a través de un pesebre en Belén, donde fuimos testigos de la más increíble historia de amor de todos los tiempos: el Dios del cielo se humilló para salvar a los hijos de la tierra.*

Dios con nosotros

La encarnación

Solo la necesidad de un Salvador pudo preparar al mundo para ver a Dios de una manera tan personal.

Mas no habrá siempre oscuridad para la que está ahora en angustia, tal como la aflicción que le vino en el tiempo que livianamente tocaron la primera vez a la tierra de Zabulón y a la tierra de Neftalí; pues al fin llenará de gloria el camino del mar, de aquel lado del Jordán, en Galilea de los gentiles.

El pueblo que andaba en tinieblas vio gran luz; los que moraban en tierra de sombra de muerte, luz resplandeció sobre ellos.

Multiplicaste la gente, y aumentaste la alegría. Se alegrarán delante de ti como se alegran en la siega, como se gozan cuando reparten despojos.

Porque tú quebraste su pesado yugo, y la vara de su hombro, y el cetro de su opresor, como en el día de Madián. Porque todo calzado que lleva el guerrero en el tumulto de la batalla, y todo manto revolcado en sangre, serán quemados, pasto del fuego.

Porque un niño nos es nacido, hijo nos es dado, y el principado sobre su hombro; y se llamará su nombre Admirable, Consejero, Dios Fuerte, Padre Eterno, Príncipe de Paz.

Lo dilatado de su imperio y la paz no tendrán límite, sobre el trono de David y sobre su reino, disponiéndolo y confirmándolo en juicio y en justicia desde ahora y para siempre.

Pasaje bíblico:

Isaías 9:1-7a (RV1960)

MOMENTO DE DECISIÓN

Los judíos del siglo I seguramente esperaban al Mesías con la misma escasa expectativa que tenemos de que regrese hoy. Sabemos que es posible y que el mundo no podría estar peor, sin embargo unos pocos deben de estar esperando que venga esta misma noche. Lo que quiero decir es que la gente ha hablado de ello durante años. ¿Quién puede decir que esta sea la generación escogida?

Eso sí, ya tenemos una idea de cómo le veremos cuando regrese. "El Señor mismo descenderá del cielo con voz de mando, con voz de arcángel y con trompeta de Dios" (1 Tesalonicenses 4:16, NVI). Sabemos qué es lo que esperamos, al igual que aquellos judíos. Ellos esperaban un libertador, un rey guerrero que como su amado David los reuniría y eliminaría el peso de la dominación romana y años de opresión a manos de sus enemigos.

¿A quién se le hubiera ocurrido buscar a tal guerrero en una cuna?

"Señor Jesucristo, mientras estabas en el vientre de tu madre te uniste a nuestra mortalidad de manera que nosotros pudiéramos ser inmortales."

Agustín

AVANCEMOS *¿Te das cuenta de lo que la venida de Cristo significó para ti? ¿Comprendes lo limpio que has quedado de la mancha de tu pecado? ¿Sabes lo que Dios ve cuando te mira?*

Notas

Borrón y cuenta nueva

La justificación

En la biblioteca de Dios hay un libro que registra los pecados por los que te hace responsable. Está en blanco.

Y él os dio vida a vosotros, cuando estabais muertos en vuestros delitos y pecados, en los cuales anduvisteis en otro tiempo, siguiendo la corriente de este mundo, conforme al príncipe de la potestad del aire, el espíritu que ahora opera en los hijos de desobediencia, entre los cuales también todos nosotros vivimos en otro tiempo en los deseos de nuestra carne, haciendo la voluntad de la carne y de los pensamientos, y éramos por naturaleza hijos de ira, lo mismo que los demás.

Pero Dios, que es rico en misericordia, por su gran amor con que nos amó, aun estando nosotros muertos en pecados, nos dio vida juntamente con Cristo (por gracia sois salvos), y juntamente con él nos resucitó, y asimismo nos hizo sentar en los lugares celestiales con Cristo Jesús, para mostrar en los siglos venideros las abundantes riquezas de su gracia en su bondad para con nosotros en Cristo Jesús.

Porque por gracia sois salvos por medio de la fe; y esto no de vosotros, pues es don de Dios; no por obras, para que nadie se gloríe.

Porque somos hechura suya, creados en Cristo Jesús para buenas obras, las cuales Dios preparó de antemano para que anduviésemos en ellas.

Pasaje bíblico:
Efesios 2:1-10 (RV1960)

Notas

MOMENTO DE DECISIÓN

Que tengas que hacerte cargo de tu pecado todos los días a veces nubla la realidad de que Dios se hizo cargo de todos tus pecados hace 2000 años. De los pecados que cometiste hace dos años, de los que vas a cometer dentro de dos años y también de los que hoy estás luchando por no cometer. No importa la cantidad de pecados que hayas acumulado a lo largo de tu vida, todos estuvieron en el tiempo futuro cuando Cristo respiraba con dificultad en la cruz, mientras la sangre manaba de sus manos, de sus pies, de su cabeza y de su costado. Cuando respondiste a su amor y aceptaste su perdón, lo que Él hizo fue "anular la deuda que teníamos pendiente por los requisitos de la ley. Él anuló la deuda que nos era adversa, clavándola en la cruz" (Colosenses 2:14, NVI). "Y ahora que hemos sido justificados por su sangre, ¡con cuánta más razón, por medio de él, seremos salvados del castigo de Dios!" (Romanos 5:9, NVI).

Justificados. Las cuentas claras, la deuda ha sido saldada, de manera que cuando Dios nos mira, nos ve "santos, intachables e irreprochables delante de él" (Colosenses 1:22, NVI). No puede haber nada más limpio.

"Puedes considerarlo locura, histeria, furia o lo que sea. No nos interesa otro conocimiento que este: el hombre pecó y Dios sufrió por eso."
Richard Hooker

AVANCEMOS *La más bella imagen de la eternidad se vio plasmada en el momento en que te sumergiste en las aguas del bautismo y tus pecados quedaron relegados al olvido.*

El cuadro perfecto

Bautismo

Aunque cada iglesia lo lleve a cabo de diversas maneras, el bautismo nos une a la familia de Dios.

Porque Cristo murió por los pecados una vez por todas, el justo por los injustos, a fin de llevarlos a ustedes a Dios. Él sufrió la muerte en su cuerpo, pero el Espíritu hizo que volviera a la vida. Por medio del Espíritu fue y predicó a los espíritus encarcelados, que en los tiempos antiguos, en los días de Noé, desobedecieron, cuando Dios esperaba con paciencia mientras se construía el arca. En ella sólo pocas personas, ocho en total, se salvaron mediante el agua, la cual simboliza el bautismo que ahora los salva también a ustedes. El bautismo no consiste en la limpieza del cuerpo, sino en el compromiso de tener una buena conciencia delante de Dios...

Todos ustedes son hijos de Dios mediante la fe en Cristo Jesús, porque todos *los que han sido bautizados en Cristo se han revestido de Cristo.* Ya no hay judío ni griego, esclavo ni libre, hombre ni mujer, sino que todos ustedes son uno solo en Cristo Jesús...

Además, en él fueron circuncidados, no por mano humana sino con la circuncisión que consiste en despojarse del cuerpo pecaminoso. Esta circuncisión la efectuó Cristo. Ustedes la recibieron al ser sepultados con él en el bautismo. En él también fueron resucitados mediante la fe en el poder de Dios, quien lo resucitó de entre los muertos.

Pasaje bíblico:

1 Pedro 3:18-21a;
Gálatas 3:26-28;
Colosenses 2:11-12 (NVI)

Notas

MOMENTO DE DECISIÓN

Podemos sentarnos a discutir si debe ser por aspersión o por inmersión, o si la salvación se alcanza en el momento del bautismo. Muchos eruditos han tratado este tema desde todos los ángulos durante siglos y aún no se han puesto de acuerdo en todas las cuestiones. No dejemos que estas contingencias nos distraigan de la importancia de este acto de obediencia y del valor que tiene en la vida del creyente.

¿Podría haber una manera más perfecta de describir sin palabras lo que Cristo hizo por nosotros, o de demostrar lo que ha pasado en nuestra vida al entregarnos a su divina gracia?

Él murió y fue sepultado, pero resucitó y venció la irrevocabilidad de la muerte. Nuestro ser interior, destinado al infierno y sus tormentos, ha sido sepultado pero resucitó bañado en la sangre de Cristo que limpia de todo pecado para encaminarse por la senda que lleva a la gloria.

Si aún no has imitado el ejemplo de Cristo al bautizarse, deberías hacerlo. Si ya lo has hecho, emplea esta meditación para recordarle al diablo que en ese día sacudiste el pecado de tus pies y le diste la espalda definitivamente.

"Estamos unidos a Cristo y entre nosotros. Hemos muerto en su muerte y hemos sido resucitados en su resurrección. Ahora podemos seguirlo."

Larry Richards

AVANCEMOS *Cuando Jesús salió de la tumba y ascendió de regreso a su hogar en el cielo, tomó su lugar a la derecha del trono de Dios y comenzó una nueva tarea.*

Un Amigo en el cielo

Cristo, nuestro Sumo Sacerdote

Cuando tienes el momento devocional no estás solo, Jesús está allí, orando; e incluso lo hace con más fervor que tú.

Los sacerdotes *anteriores* eran más numerosos porque la muerte les impedía continuar, pero El conserva su sacerdocio inmutable puesto que permanece para siempre. Por lo cual El también es poderoso para salvar para siempre a los que por medio de El se acercan a Dios, puesto que vive perpetuamente para interceder por ellos.

Porque convenía que tuviéramos tal sumo sacerdote: santo, inocente, inmaculado, apartado de los pecadores y exaltado más allá de los cielos, que no necesita, como aquellos sumos sacerdotes, ofrecer sacrificios diariamente, primero por sus propios pecados y después por los *pecados* del pueblo; porque *esto lo hizo una vez para siempre, cuando se ofreció a sí mismo*...

Entonces, hermanos, puesto que tenemos confianza para entrar al Lugar Santísimo por la sangre de Jesús, por un camino nuevo y vivo que El inauguró para nosotros por medio del velo, es decir, su carne, y puesto que *tenemos* un gran sacerdote sobre la casa de Dios, acerquémonos con corazón sincero, en plena certidumbre de fe, teniendo nuestro corazón purificado de mala conciencia y nuestro cuerpo lavado con agua pura.

Mantengamos firme la profesión de nuestra esperanza sin vacilar, porque fiel es el que prometió.

Pasaje bíblico:

Hebreos 7:23-27; 10:19-23 (LBLA)

Notas

MOMENTO DE DECISIÓN

Tres de los Evangelios lo mencionan. Debió de haber sido algo impresionante. En el preciso instante en que Jesús expiró "la cortina del santuario del templo se rasgó en dos, de arriba abajo" (Mateo 27:51, NVI). Era la primera vez que el pueblo pudo mirar aquello que estaba detrás del grueso velo pesadamente bordado que los separaba de ese lugar en penumbras donde estaba la presencia misma de Dios: el lugar santísimo. De pronto, el santuario sagrado donde solo podía ingresar el sumo sacerdote una sola vez al año, quedaba expuesto al común de la gente. Ya no sería necesario que llevaran la sangre de toros ni de machos cabríos ante Dios para perdón de los pecados. El Cordero había sido ofrecido para morir "a fin de acabar con el pecado mediante el sacrificio de sí mismo" (Hebreos 9:26, NVI). El perfecto Sumo Sacerdote había llegado.

"Dios se deleita en escuchar las oraciones y en responderlas. Él nos dio a su Hijo para que ore por nosotros y con nosotros."

Andrew Murray

Por eso ahora puedes traer tus oraciones hasta el borde de tu humanidad y asirte de la mano de Aquel que atraviesa esa separación infranqueable entre la tierra y la eternidad. Puedes entonces ingresar al salón del trono de Dios con quien tienes una cita confirmada. Cristo, nuestro Sumo Sacerdote, es quien abrió ese camino.

AVANCEMOS *Formas parte de una familia cuyo linaje se remonta a 2000 años, a una colina de Jerusalén y a un preciso momento dentro del plan de Dios. Ese momento estaba marcado desde antes de los tiempos.*

Una gran familia

El pueblo de Dios

De todo pueblo y nación, de toda raza y de toda generación. No hablamos del mundo sino de la familia de Dios.

Sabiendo que fuisteis rescatados de vuestra vana manera de vivir, la cual recibisteis de vuestros padres, no con cosas corruptibles, como oro o plata, sino con la sangre preciosa de Cristo, como de un cordero sin mancha y sin contaminación, ya destinado desde antes de la fundación del mundo, pero manifestado en los postreros tiempos por amor de vosotros, y mediante el cual creéis en Dios, quien le resucitó de los muertos y le ha dado gloria, para que vuestra fe y esperanza sean en Dios.

Habiendo purificado vuestras almas por la obediencia a la verdad, mediante el Espíritu, para el amor fraternal no fingido, amaos unos a otros entrañablemente, de corazón puro; siendo renacidos, no de simiente corruptible, sino de incorruptible, por la palabra de Dios que vive y permanece para siempre...

Mas vosotros sois linaje escogido, real sacerdocio, nación santa, pueblo adquirido por Dios, para que anunciéis las virtudes de aquel que os llamó de las tinieblas a su luz admirable; ***vosotros que en otro tiempo no erais pueblo, pero que ahora sois pueblo de Dios***; que en otro tiempo no habíais alcanzado misericordia, pero ahora habéis alcanzado misericordia.

Pasaje bíblico:

1 Pedro 1:18-23; 2:9-10 (RV1960)

MOMENTO DE DECISIÓN

Notas

Pareciera que hoy en día todo el mundo tuviera el derecho de opinar libremente menos esa pobre gente que se anima a expresar que los caminos de Dios son correctos y que su Palabra todavía es relevante. El cristianismo ha sido caricaturizado con tanta malicia y hecho objeto de tantas burlas que a veces nos sentimos tentados a hacernos los tontos y a permanecer en silencio. ¿Por qué no estar de acuerdo en que habrá desacuerdo en vez de poner el cuello en la guillotina del rechazo? De todas maneras, nadie querrá escucharnos…

Quiero que prestes muchísima atención. Hemos sido maltratados y malinterpretados, pero somos el pueblo de Dios: un pueblo milenial y multitudinario con la misma fe que personas de todos los rincones del planeta. El mensaje central ha resistido los embates del tiempo. El mundo podrá mofarse en nuestra cara, pero nuestro evangelio es su única salvación. Nos tildarán de farsantes, pero la paz que experimentamos es la que anhelan. Nos desecharán, pero nuestro amor nunca muere. Somos el pueblo de Dios y no debemos temer a este mundo. Tampoco al venidero.

"Los cristianos son aquellos cuyas actividades no se determinan tanto por su pasado como por su futuro."

Timothy R. Phillips y Dennis L. Olkholm

AVANCEMOS *El mundo no es nuestro hogar. Somos extranjeros en tierra extraña, alienígenas en un planeta distante, embajadores de un país celestial. Hemos sido elegidos para servir en el reino de Dios.*

Entrega total

Consagración

Cuando te convertiste al cristianismo, renunciaste a tus derechos de ciudadanía, pero no a tu responsabilidad.

A los que me diste del mundo les he revelado quién eres. Eran tuyos; tú me los diste y ellos han obedecido tu palabra. Ahora saben que todo lo que me has dado viene de ti, porque les he entregado las palabras que me diste, y ellos las aceptaron; saben con certeza que salí de ti, y han creído que tú me enviaste.

Ruego por ellos. No ruego por el mundo, sino por los que me has dado, porque son tuyos…

Ya no voy a estar por más tiempo en el mundo, pero ellos están todavía en el mundo, y yo vuelvo a ti. Padre santo, protégelos con el poder de tu nombre, el nombre que me diste…

Ahora vuelvo a ti, pero digo estas cosas mientras todavía estoy en el mundo, para que tengan mi alegría en plenitud. Yo les he entregado tu palabra, y el mundo los ha odiado ***porque no son del mundo, como tampoco yo soy del mundo***. No te pido que los quites del mundo, sino que los protejas del maligno. Ellos no son del mundo, como tampoco lo soy yo.

Pasaje bíblico:

Juan 17:6-9,11,13-16 (NVI)

Notas

MOMENTO DE DECISIÓN

Existe un mundo y dos reinos: el reino de las tinieblas y el reino de la luz; el espíritu de este tiempo y el Dios de todos los tiempos.

Esas son tus opciones y tú ya has escogido.

No obstante, tenemos un problema: mientras tu corazón está en las manos de Dios, tus pies permanecen en el mundo; tus ojos, sujetos a la seducción terrenal; tus oídos, al alcance de sus propios engaños; tu mente, peligrosamente cerca de sus trampas mundanas. Dios te ha llamado a estar fuera del mundo y de su sistema de creencias; te ha separado, te ha santificado y te ha consagrado para servirle a Él. Sin embargo, Dios tiene planes para ti mientras estás en el mundo, y es ahí cuando entramos en zona peligrosa.

"Al permitir que Cristo gobierne nuestro corazón evitamos que lo gobierne el mundo. Esa separación se da en nuestro interior pero no en el exterior."
John Fischer

Se te pedirá una y otra vez que ames a las personas que están en el mundo sin dejarte atrapar por su manera de pensar, que seas un agente de transformación cultural sin que seas transformado por esa cultura, que te involucres con las necesidades humanas y hables ese idioma sin que te atraigan las tentaciones humanas. "Honren en su corazón a Cristo como Señor" (1 Pedro 3:15, NVI). Y recuerda de quién es el reino a que perteneces.

AVANCEMOS *Eres una obra cuyo proceso continúa, como el resto de nosotros. Todavía no eres lo que deseas ser, pero has dejado atrás lo que eras. Sigue adelante.*

En proceso

Santificación

Convertirse en cristiano es el primer paso en un largo recorrido lleno de gozo. Hemos empezado bien.

Por lo demás, hermanos, os rogamos, pues, y os exhortamos en el Señor Jesús, que como habéis recibido de nosotros *instrucciones* acerca de la manera en que debéis andar y agradar a Dios (como de hecho ya andáis), así abundéis *en ello* más y más. Pues sabéis qué preceptos os dimos por autoridad del Señor Jesús.

Porque esta es la voluntad de Dios: vuestra santificación; *es decir,* que os abstengáis de inmoralidad sexual; que cada uno de vosotros sepa cómo poseer su propio vaso en santificación y honor, no en pasión de concupiscencia, como los gentiles que no conocen a Dios; *y* que nadie peque y defraude a su hermano en este asunto, porque el Señor es *el* vengador en todas estas cosas, como también antes os lo dijimos y advertimos solemnemente.

Porque Dios no nos ha llamado a impureza, sino a santificación. Por consiguiente, el que rechaza *esto* no rechaza a hombre, sino al Dios que os da su Espíritu Santo...

Ahora bien, el Señor es el Espíritu; y donde está el Espíritu del Señor, *hay* libertad. Pero nosotros todos, con el rostro descubierto, contemplando como en un espejo la gloria del Señor, estamos siendo transformados en la misma imagen de gloria en gloria, como por el Señor, el Espíritu.

Pasaje bíblico:

1 Tesalonicenses 4:1-8;

2 Corintios 3:17-18 (LBLA)

MOMENTO DE DECISIÓN

¿Qué piensas hacer en el tiempo que media entre tu conversión al cristianismo y el día en que finalmente contemples los resultados celestiales? Tal vez haya muchos años que tanto pueden ser soberanamente desperdiciados; como años de progresos en firme.

¿Cómo será ese tiempo?

Has llegado al laboratorio de la santificación, donde los hijos de Dios ponen a prueba las consecuencias naturales de lo que creen. En este lugar, el fruto de la paciencia saldrá al encuentro de tu vecino que se queja de tus ruidos molestos. Es allí donde las palabras majestuosas como integridad y santidad aparecen justo en el miserable camino de la tentación. En este laboratorio, una sencilla oración de bendición y gozo puede por momentos volverse un ahogado grito desgarrador que pide auxilio.

Durante las pruebas de la vida, a la mitad del camino, Dios te transformará de una persona que dice creer, en una persona que lo sabe por experiencia; de alguien que habla acerca del partido, en alguien que lo juega, ya sea dentro o fuera del campo deportivo. Serás en definitiva una persona que se está acostumbrando a vivir con Dios.

"El secreto de la santidad cristiana no es esforzarnos en vivir como Jesús, sino en que el Espíritu Santo venga a vivir en nosotros."

John R. W. Stott

Notas

AVANCEMOS *Crecer en Cristo no es un proceso automático sino una decisión deliberada de aprender de qué se trata esto de seguir a Dios. Eso se llama discipulado. Es hora de comenzar.*

Parte 7

Arriesgarse por la fe

Ya te has refugiado en los brazos del Salvador, pero recién comenzaste a andar. Cada nuevo día es una oportunidad para avanzar en el camino, acercarte al hogar, alejarte de la tentación y así experimentar la libertad reservada para aquellos que permiten que el Salvador sea su Señor.

En marcha

Discipulado

Lo único que desea el discípulo es parecerse a su maestro, y tú tienes al mejor de todos.

Entonces Jesús decía a los judíos que habían creído en El: Si vosotros permanecéis en mi palabra, verdaderamente sois mis discípulos; y conoceréis la verdad, y la verdad os hará libres...

Permaneced en mí, y yo en vosotros. Como el sarmiento no puede dar fruto por sí mismo si no permanece en la vid, así tampoco vosotros si no permanecéis en mí.

Yo soy la vid, vosotros los sarmientos; *el que permanece en mí y yo en él, ése da mucho fruto,* porque separados de mí nada podéis hacer. Si alguno no permanece en mí, es echado fuera como un sarmiento y se seca; y los recogen, los echan al fuego y se queman.

Si permanecéis en mí, y mis palabras permanecen en vosotros, pedid lo que queráis y os será hecho. En esto es glorificado mi Padre, en que deis mucho fruto, y *así* probéis que sois mis discípulos.

Como el Padre me ha amado, *así* también yo os he amado; permaneced en mi amor.

Si guardáis mis mandamientos, permaneceréis en mi amor, así como yo he guardado los mandamientos de mi Padre y permanezco en su amor. Estas cosas os he hablado, para que mi gozo esté en vosotros, y vuestro gozo sea perfecto.

Pasaje bíblico:
Juan 8:31-32; 15:4-11 (LBLA)

Notas

MOMENTO DE DECISIÓN

Muy pronto te darás cuenta, si no lo has hecho ya, de que la vida cristiana no es un refrigerio que se comparte en el salón de reuniones sociales de la iglesia. Sin embargo, muchísimas personas intentan convertirla en eso: una conversación intrascendente para escapar de la seriedad del sermón dominical o una oportunidad para aparentar, siempre y cuando no les pidan que oren o algo por el estilo.

Como si fuera tan fácil caminar con Cristo.

El llamado al discipulado es para todos los creyentes, sin distinción de antigüedad o de cuánto hayan avanzado en el camino, y hace una invitación irracional a venir y morir, a dejar lo que eras y lo que eres en el altar de los intereses personales y a considerar todo como "pérdida por razón del incomparable valor de conocer a Cristo Jesús, mi Señor" (Filipenses 3:8, NVI).

A cambio de semejante entrega, recibes una vida con propósito, con pasión y con excelentes oportunidades de prodigar un servicio cristiano. ¿No estás ansioso de ser como Cristo?

"El cristianismo sin discipulado es un cristianismo carente de Cristo. En esa religión se confía en Dios, pero no se sigue a Cristo."

Dietrich Bonhoeffer

AVANCEMOS *Antes de poder cumplir lo que Dios dice debes aceptar intelectualmente que su Palabra es veraz, sus mandatos se justifican y su autoridad es real.*

Las cosas por su nombre

La pura verdad

La verdad no es tal porque Dios lo diga sino porque es la verdad.

Por tanto, siempre estaré listo para recordaros estas cosas, aunque vosotros *ya las* sabéis y habéis sido confirmados en la verdad que está presente *en vosotros*...

También yo procuraré con diligencia, que en todo tiempo, después de mi partida, podáis recordar estas cosas.

Porque cuando os dimos a conocer el poder y la venida de nuestro Señor Jesucristo, ***no seguimos fábulas ingeniosamente inventadas***, sino que fuimos testigos oculares de su majestad. Pues cuando El recibió honor y gloria de Dios Padre, la majestuosa Gloria le hizo esta declaración: Este es mi Hijo amado en quien me he complacido; y nosotros mismos escuchamos esta declaración, hecha desde el cielo cuando estábamos con El en el monte santo.

Y *así* tenemos la palabra profética más segura, a la cual hacéis bien en prestar atención como a una lámpara que brilla en el lugar oscuro, hasta que el día despunte y el lucero de la mañana aparezca en vuestros corazones.

Pero ante todo sabed esto, que ninguna profecía de la Escritura es *asunto* de interpretación personal, pues ninguna profecía fue dada jamás por un acto de voluntad humana, sino que hombres inspirados por el Espíritu Santo hablaron de parte de Dios.

Pasaje bíblico:
2 Pedro 1:12,15-21 (LBLA)

MOMENTO DE DECISIÓN

Notas

Pregúntale al cristiano promedio de la actualidad si cree que la Biblia es un buen parámetro moral que contiene la verdad absoluta aplicable a todas las personas en todo tiempo y lugar. Seguramente te responderá que estás exagerando.

Más allá de las estadísticas, los discípulos cristianos como tú deben reconocer que la Biblia es la única y suprema autoridad acerca de cómo has de vivir.

El problema radica en que en esta nueva era en que reinan los pareceres personales, este asunto de lo bueno y lo malo ha pasado a estar fuera de moda, incluso en el ejercicio del cristianismo. La simple idea de que un Dios invisible pueda decidir arbitrariamente lo que la persona deba hacer ante determinada situación es un atropello a la libertad individual. (¿No habrá algún artículo de la Constitución que nos proteja contra ello?)

Si escoges rechazar el señorío de Dios, estarás cerrando la puerta no solamente a lo que parece ser una orden antipática o una restricción, sino a la libertad de vivir en unión perfecta con tu Creador, tu Salvador y el que solo desea lo mejor para ti. Esa es la verdad.

"Al conocer lo que es correcto y lo que no, podemos contar con orden y libertad al mismo tiempo."

Francis Schaeffer

AVANCEMOS *Tienes esa mirada tan particular, ese fuego en tu interior y esa manera inquieta de andar que indica que jamás habías estado tan comprometido con algo.*

Atento al volante

Pasión espiritual

Existe una sola manera de vivir correctamente la vida cristiana: con todo tu ser.

Y perseveraban en la doctrina de los apóstoles, en la comunión unos con otros, en el partimiento del pan y en las oraciones. Y sobrevino temor a toda persona; y muchas maravillas y señales eran hechas por los apóstoles. Todos los que habían creído estaban juntos, y tenían en común todas las cosas; y vendían sus propiedades y sus bienes, y lo repartían a todos según la necesidad de cada uno.

Y perseverando unánimes cada día en el templo, y partiendo el pan en las casas, comían juntos con alegría y sencillez de corazón, alabando a Dios, y teniendo favor con todo el pueblo. Y el Señor añadía cada día a la iglesia los que habían de ser salvos…

Y la multitud de los que habían creído era de un corazón y un alma; y ninguno decía ser suyo propio nada de lo que poseía, sino que tenían todas las cosas en común. Y con gran poder los apóstoles daban testimonio de la resurrección del Señor Jesús, y abundante gracia era sobre todos ellos.

Así que no había entre ellos ningún necesitado; porque todos los que poseían heredades o casas, las vendían, y traían el precio de lo vendido, y lo ponían a los pies de los apóstoles; y se repartía a cada uno según su necesidad.

Pasaje bíblico:

Hechos 2:42-47; 4:32-35 (RV1960)

MOMENTO DE DECISIÓN

Notas

Dios no busca perfección sino pasión. No desea hijos temerosos de cometer una falta sino valientes como para no importarles si parecen ridículos, llegado el caso, debido a un acto de amor y compasión. No le preocupan tanto las cosas escabrosas que intentas evitar como las cosas buenas y misericordiosas que estás dispuesto a que Él haga por tu intermedio.

¿Te has puesto a pensar en la gente que podrías alcanzar con las buenas noticias del amor de Dios si dejaras de preocuparte de lo que los demás piensen y concentraras tu atención en su destino eterno? Si usaras el tiempo en que conduces tu auto para planear ministerios, ¿cuántas vidas podrían ser tocadas? ¿Cuántas situaciones se podrían modificar si en vez de pasar dos horas mirando una película intrascendente, las pasaras en ferviente oración? No estoy tratando de levantarte el ánimo. Es la cruda realidad que debes enfrentar cuando te entregues por completo a tu fe y comiences a vivir en otra esfera, la espiritual.

"La vida del cristiano es de continua restauración de la intimidad con Dios, y consiste en la pasión proveniente de la continua decisión de responder a sus anhelos divinos."

Gordon MacDonald

AVANCEMOS *Llega el momento en que te ves tentado a dejarte estar. Es inevitable. Es un momento en que el fracaso y la fatiga tratan de encadenar tu fe al piso. ¿Qué pasa cuando sucede esto?*

Seguro de algo

Cómo evitar la desilusión

Cuando percibas que se acercan los suspiros soñolientos del aburrimiento espiritual, permanece cercano a la señal de alarma.

Por tanto, nosotros también, teniendo en derredor nuestro tan grande nube de testigos, despojémonos de todo peso y del pecado que nos asedia, y ***corramos con paciencia la carrera que tenemos por delante.***

Puestos los ojos en Jesús, el autor y consumador de la fe, el cual por el gozo puesto delante de él sufrió la cruz, menospreciando el oprobio, y se sentó a la diestra del trono de Dios. Considerad a aquel que sufrió tal contradicción de pecadores contra sí mismo, para que vuestro ánimo no se canse hasta desmayar...

Seguid la paz con todos, y la santidad, sin la cual nadie verá al Señor. Mirad bien, no sea que alguno deje de alcanzar la gracia de Dios; que brotando alguna raíz de amargura, os estorbe, y por ella muchos sean contaminados.

No sea que haya algún fornicario, o profano, como Esaú, que por una sola comida vendió su primogenitura. Porque ya sabéis que aun después, deseando heredar la bendición, fue desechado, y no hubo oportunidad para el arrepentimiento, aunque la procuró con lágrimas...

Así que, recibiendo nosotros un reino inconmovible, tengamos gratitud, y mediante ella sirvamos a Dios agradándole con temor y reverencia.

Pasaje bíblico:

Hebreos 12:1-3,14-17,28 (RV1960)

MOMENTO DE DECISIÓN

Notas

Cuando te halles caminando por un desierto y lleguen esos tiempos de sequía espiritual, sabrás que en realidad estás creciendo en tu vida espiritual. Claro que pensarás totalmente lo contrario: te sentirás un gran fracaso, te avergonzarás de ti mismo y te considerarás un tremendo hipócrita.

Ya sea que hayas sido arrojado al desierto por el viento abrasador del pecado o porque te parece que el trayecto hasta el siguiente oasis de victoria espiritual es más largo de lo que esperabas, esta es la oportunidad para fortalecer tus músculos.

¿Permitirás que tus viejos hábitos te sigan molestando, que te ataquen con una ráfaga de tentación y te derriben? ¿O te darás cuenta de una buena vez que en Cristo has vencido el pecado a pesar de sus enérgicas embestidas?

¿Vas a avanzar únicamente cuando las ardientes arenas de emoción espiritual te hagan danzar? ¿O vas a seguir el camino de la fe ya transitado por otros aun cuando se te presente un trecho monótono? Sigue teniendo cuidado de no caer y continúa derramando tu corazón por las personas que necesitan lo que tú has hallado. Llegará el día en que te maravillarás ante lo que Dios está haciendo en ti.

"Si pasas por una etapa de estancamiento espiritual, no lo tomes a la ligera. Los cristianos que tratan a Jesús como algo `accidental´ terminan seriamente `accidentados´."

Tom Sirotnak

AVANCEMOS *No eres el único que se siente así, que se cuestiona cosas o que comete errores tontos. Habla del tema con otros y fíjate qué surge de ello.*

Un libro abierto

Tal como eres

Si pretendes ser lo que no eres, perderás infinitas oportunidades de crecer como discípulo.

Pero gracias a Dios, que en Cristo siempre nos lleva en triunfo, y que por medio de nosotros manifiesta en todo lugar la fragancia de su conocimiento.

Porque fragante aroma de Cristo somos para Dios entre los que se salvan y entre los que se pierden; para unos, olor de muerte para muerte, y para otros, olor de vida para vida. Y para estas cosas ¿quién está capacitado?

Pues no somos como muchos, que comercian con la palabra de Dios, sino que ***con sinceridad, como de parte de Dios y delante de Dios hablamos en Cristo.***

¿Comenzamos otra vez a recomendarnos a nosotros mismos? ¿O acaso necesitamos, como algunos, cartas de recomendación para vosotros o de parte de vosotros? Vosotros sois nuestra carta, escrita en nuestros corazones, conocida y leída por todos los hombres, siendo manifiesto que sois carta de Cristo redactada por nosotros, no escrita con tinta, sino con el Espíritu del Dios vivo; no en tablas de piedra, sino en tablas de corazones humanos.

Y esta confianza tenemos hacia Dios por medio de Cristo: no que seamos suficientes en nosotros mismos para pensar que cosa alguna *procede* de nosotros, sino que nuestra suficiencia es de Dios, el cual también nos hizo suficientes *como* ministros de un nuevo pacto, no de la letra, sino del Espíritu; porque la letra mata, pero el Espíritu da vida.

Pasaje bíblico:
2 Corintios 2:14-3:6 (LBLA)

MOMENTO DE DECISIÓN

Notas

Los pobladores estaban turbados, sumidos en un silencio embarazoso. Y permanecieron así, mudos y temerosos de siquiera mirarse a los ojos para no parecer incultos. Mientras por dentro sentían el irrefrenable impulso de gritar, de señalar, de comentar con el de al lado lo que estaban viendo, solo exteriorizaban sonrisas, gestos de asentimiento y aplauso cerrado. Un verdadero enfrentamiento entre la sinceridad y las apariencias. De pronto, un muchachito cándido y sincero hizo trizas la tensa calma al poner en palabras lo que todo el mundo sabía y no se atrevía a decir:

"¡No tiene ropa!" El emperador estaba desnudo.

Si bien no vivimos en el mundo de los cuentos de hadas, nos hemos acostumbrado a ser como cualquier habitante de ese pueblo que estaba en la calle y eludía lo evidente. Así esquivamos el tema y aparentamos desconocer los problemas de los demás, que conocemos tan bien aunque no lo admitamos.

Seamos auténticos y sinceros. No seamos complacientes con nuestro pecado y no actuemos como si no estuviera allí. Si somos como un libro abierto, eso animará a los demás a ser ellos mismos y los ayudará a encontrar a un amigo verdadero cuando lo necesiten.

"Hay veces en que nuestro deseo humano de agradar a todo el mundo no nos permite ser auténticos en lo que realmente importa."

Jim Smoke

AVANCEMOS *El diablo es uno de los pocos que conoce tus puntos débiles tan bien como tú. Sin embargo, puedes aprender a usar esto para vencerlo en su propio terreno.*

Vigila tu territorio

Los límites

Puedes acorralar la tentación si sellas esos resquicios favoritos por los que suele ingresar a tu vida.

¿No saben que en una carrera todos los corredores compiten, pero sólo uno obtiene el premio? Corran, pues, de tal modo que lo obtengan.

Todos los deportistas se entrenan con mucha disciplina. Ellos lo hacen para obtener un premio que se echa a perder; nosotros, en cambio, por uno que dura para siempre. Así que yo no corro como quien no tiene meta; no lucho como quien da golpes al aire. Más bien, golpeo mi cuerpo y lo domino, no sea que, después de haber predicado a otros, yo mismo quede descalificado…

Los que viven según la naturaleza pecaminosa no pueden agradar a Dios…

Pero si Cristo está en ustedes, el cuerpo está muerto a causa del pecado, pero el Espíritu que está en ustedes es vida a causa de la justicia. Y si el Espíritu de aquel que levantó a Jesús de entre los muertos vive en ustedes, el mismo que levantó a Cristo de entre los muertos también dará vida a sus cuerpos mortales por medio de su Espíritu, que vive en ustedes.

Por tanto, hermanos, ***tenemos una obligación, pero no es la de vivir conforme a la naturaleza pecaminosa***. Porque si ustedes viven conforme a ella, morirán; pero si por medio del Espíritu dan muerte a los malos hábitos del cuerpo, vivirán.

Pasaje bíblico:

1 Corintios 9:24-27;
Romanos 8:8,10-13 (NVI)

MOMENTO DE DECISIÓN

Es cuestión de lógica. Si sabes que vas a caer en la tentación de comer papas fritas cuando mires el noticiario de la noche, no tengas papas fritas en la alacena. Si las fotos sugestivas y sensuales de las revistas atraen tu mirada como si fueran un imán, evita pasar por el lugar donde se exhiben. Si cada vez que vas a la casa de cierto amigo terminas haciendo algo indebido, sería sabio evitar esas visitas.

Límites. Son esas líneas que trazas en la arena de la vida diaria y sirven tanto para protegerte como para poner a Satanás sobre aviso. Las alarmas de seguridad autoimpuestas te advierten de antemano acerca de las áreas en las que a él más le gusta atacarte. Y cuando acompañas esos límites con promesas hechas a hermanos responsables que se comprometen a cuidarte las espaldas, entonces se hace doblemente difícil que te venzan. No van a evitarte todas las tentaciones porque Satanás usa el ataque sorpresivo, pero pueden protegerte de las peores y mantener firme tu integridad.

"Uno puede tomar todo de un hombre, excepto la última de las libertades humanas: la elección de la actitud a tomar ante cierta circunstancia."

Viktor Frankl

Notas

AVANCEMOS *Más allá de modificar tu forma de vida y tus decisiones, el proceso del discipulado puede cambiar tu manera de pensar sobre de las cosas importantes de la vida.*

Te necesitan en casa

Tu familia

Las personas más importantes del mundo son las que Dios ha colocado alrededor de tu mesa.

Las casadas estén sujetas a sus propios maridos, como al Señor; porque el marido es cabeza de la mujer, así como Cristo es cabeza de la iglesia, la cual es su cuerpo, y él es su Salvador. Así que, como la iglesia está sujeta a Cristo, así también las casadas lo estén a sus maridos en todo.

Maridos, amad a vuestras mujeres, así como Cristo amó a la iglesia, y se entregó a sí mismo por ella, para santificarla, habiéndola purificado en el lavamiento del agua por la palabra, a fin de presentársela a sí mismo, una iglesia gloriosa, que no tuviese mancha ni arruga ni cosa semejante, sino que fuese santa y sin mancha.

Así también los maridos deben amar a sus mujeres como a sus mismos cuerpos. El que ama a su mujer, a sí mismo se ama. Porque nadie aborreció jamás a su propia carne, sino que la sustenta y la cuida, como también Cristo a la iglesia, porque somos miembros de su cuerpo, de su carne y de sus huesos...

Hijos, obedeced en el Señor a vuestros padres, porque esto es justo. Honra a tu padre y a tu madre, que es el primer mandamiento con promesa; para que te vaya bien, y seas de larga vida sobre la tierra. Y vosotros, padres, no provoquéis a ira a vuestros hijos, sino ***criadlos en disciplina y amonestación del Señor***.

Pasaje bíblico:

Efesios 5:22-30; 6:1-4 (RV1960)

MOMENTO DE DECISIÓN

Notas

Tu familia es tu terreno de pruebas. Es allí donde nuestra creencia cristiana no puede ocultarse tras el malhumor matinal y el armario desordenado, y no existen palabras que puedan cubrir con un manto de piedad la vida que llevamos a espaldas del mundo exterior. No deja de ser un tanto inquietante.

Tu familia es también tu campo de entrenamiento donde puedes compartir la mayoría de los desafíos y las experiencias cotidianas con el consuelo de la mutua compañía. Es allí donde puedes vencer la timidez de implementar en la vida diaria los ideales dominicales, al descubrir cómo orar en familia, cómo usar la Biblia como parámetro; cómo transformar tu hogar en un lugar seguro, apropiado hasta para las preguntas más infantiles.

"Más allá del tipo de problema que enfrente tu familia, la sanidad será posible siempre y cuando admitas a Jesús en tu casa y le ofrezcas la cabecera de la mesa."

Robert y Debra Bruce

Cuando permitas a Cristo ingresar en tu hogar y que se sienta "como en casa", tratarás por todos los medios de amar más a tu cónyuge, de ser más paciente con los errores de tus hijos y de reconocer inmediatamente tus faltas y pedir perdón. Te vas a morder la lengua, procurarás el bienestar de todos y te brindarás a ellos aun cuando estés exhausto o malhumorado. Vas a percibir crecimiento… en todos.

AVANCEMOS *Otra cosa que deberías ver diferente con los ojos de cristiano es tu lugar de trabajo, tus compañeros de trabajo y la manera de trabajar.*

Saturado de trabajo

Tu empleo

El trabajo o la escuela ya no son más el mal necesario que te separa de un fin de semana divertido.

Damos gracias a Dios, el Padre de nuestro Señor Jesucristo, orando siempre por vosotros, al oír de vuestra fe en Cristo Jesús y del amor que tenéis por todos los santos, a causa de la esperanza reservada para vosotros en los cielos, de la cual oísteis antes en la palabra de verdad, el evangelio, que ha llegado hasta vosotros.

Así como en todo el mundo está dando fruto constantemente y creciendo, así *lo ha estado haciendo* también en vosotros, desde el día que oísteis y comprendisteis la gracia de Dios en verdad...

Por esta razón, también nosotros, desde el día que *lo* supimos, no hemos cesado de orar por vosotros y de rogar que seáis llenos del conocimiento de su voluntad en toda sabiduría y comprensión espiritual.

Para que andéis como es digno del Señor, agradándo*le* en todo, ***dando fruto en toda buena obra y creciendo en el conocimiento de Dios***; fortalecidos con todo poder según la potencia de su gloria, para obtener toda perseverancia y paciencia, con gozo dando gracias al Padre que nos ha capacitado para compartir la herencia de los santos en luz.

Pasaje bíblico:
Colosenses 1:3-6,9-12 (LBLA)

MOMENTO DE DECISIÓN

Notas

Un aspecto importante de la visión que el creyente en Cristo tiene del mundo es comprender la necesidad de que haya hombres y mujeres cristianos que se desempeñen en todo el espectro laboral. Es necesario que sean "la sal de la tierra" y "la luz del mundo", tanto en el juzgado como en el aula, en la línea de montaje de una fábrica como en el sector gerencial, en el ámbito secular como en el púlpito.

Dios nos ha dado una vocación personal que en algunos casos se manifiesta de manera natural en nuestro trabajo. Sin embargo, en el caso de que no sientas que la tarea que desempeñas en la actualidad corresponda con tu llamado, puedes reconocer que es una etapa necesaria en tu vida. Podrás permanecer en la voluntad de Dios si te esfuerzas por desempeñarte con excelencia en todo lo que hagas, si eres gentil con tus compañeros y tus superiores, si buscas en todo momento la oportunidad de brindar consuelo y amistad cristianos, y si conservas la integridad en todas tus relaciones. Quizás no te parezca para nada espiritual utilizar una llave inglesa, tipear en la computadora o lavar otra montaña de toallas, pero tu fiel desempeño hablará por sí solo.

> **"Seguir a Jesús significa, primero y principal, descubrir en nuestra vida diaria la vocación de Dios para nosotros."**
> **Henri Nouwen**

AVANCEMOS *La vida hace que te relaciones con todo tipo de personas. Algunas son agradables; otras, todo un desafío. Por algo Dios puso ambas en tu vida.*

Construir puentes

Tus relaciones con los demás

Sea amigo o enemigo, pariente o desconocido, cada persona con que nos relacionamos es una oportunidad para ministrar.

El amor *sea* sin hipocresía; aborreciendo lo malo, aplicándoos a lo bueno. *Sed* afectuosos unos con otros con amor fraternal; con honra, daos preferencia unos a otros; no seáis perezosos en *lo que requiere* diligencia; fervientes en espíritu, sirviendo al Señor, gozándo*os* en la esperanza, perseverando en el sufrimiento, dedicados a la oración, contribuyendo para las necesidades de los santos, practicando la hospitalidad.

Bendecid a los que os persiguen; bendecid, y no maldigáis. Gozaos con los que se gozan y llorad con los que lloran. Tened el mismo sentir unos con otros; no seáis altivos en vuestro pensar, sino condescendiendo con los humildes. No seáis sabios en vuestra propia opinión.

Nunca paguéis a nadie mal por mal. Respetad lo bueno delante de todos los hombres. Si es posible, ***en cuanto de vosotros dependa, estad en paz con todos los hombres.***

Amados, nunca os venguéis vosotros mismos, sino dad lugar a la ira *de Dios,* porque escrito está: MIA ES LA VENGANZA, YO PAGARE, dice el Señor. PERO SI TU ENEMIGO TIENE HAMBRE, DALE DE COMER; Y SI TIENE SED, DALE DE BEBER, PORQUE HACIENDO ESTO, CARBONES ENCENDIDOS AMONTONARAS SOBRE SU CABEZA. No seas vencido por el mal, sino vence con el bien el mal.

Pasaje bíblico:

Romanos 12:9-21 (LBLA)

Notas

MOMENTO DE DECISIÓN

Cada vez que atiendes el teléfono, recibes invitados a cenar en casa, o llegas a la caja del supermercado, tienes una nueva oportunidad de manifestar bondad con un amigo, un vecino o un extraño. Y tu reacción en tales situaciones, ya sean ocasionales, colectivas o contenciosas, podrá hacer que alguien añada una mirada sincera y cargada de amor a la imagen que tiene del Cristo al que sirves.

Es una responsabilidad asombrosa.

Si hay otra cosa por la que Dios nos ha puesto en este mundo además de para que lo amemos y adoremos, es para que amemos y honremos a sus hijos. Debemos brindar nuestra cálida sonrisa en un mundo plagado de gruñidos y ceños fruncidos; debemos estar dispuestos a conversar sin mirar el reloj cuando todos corren, o a invitar a alguien a almorzar en medio de un tedioso día de soledad.

"Si intentamos relacionarnos con los demás, hallaremos compañía en nuestro camino."
Sheila Walsh

Los discípulos cristianos están destinados a tener en alta estima a sus amigos, a pasar por alto las fallas de los enemigos, y a salirse de los esquemas para satisfacer una necesidad, a agradecer un favor o a dar una palabra de aliento. Para Dios y la gente que lo ama, nadie es insignificante.

AVANCEMOS *Tienes oídos, tienes ojos, tienes tiempo libre, tienes un televisor. Tienes "de todo" para permitir que ingrese "de todo" en tu mente, y tienes una manera de controlarlo.*

¡Alerta!

Tu mente

El mayor campo de batalla donde enfrentarás las luchas diarias más duras es tu mente.

Pues aunque andamos en la carne, no militamos según la carne; porque las armas de nuestra milicia no son carnales, sino poderosas en Dios para la destrucción de fortalezas, derribando argumentos y toda altivez que se levanta contra el conocimiento de Dios, y llevando cautivo todo pensamiento a la obediencia a Cristo…

Porque los que son de la carne piensan en las cosas de la carne; pero los que son del Espíritu, en las cosas del Espíritu. Porque el ocuparse de la carne es muerte, pero *el ocuparse del Espíritu es vida y paz…*

Digo, pues: Andad en el Espíritu, y no satisfagáis los deseos de la carne…

Por tanto, ceñid los lomos de vuestro entendimiento, sed sobrios, y esperad por completo en la gracia que se os traerá cuando Jesucristo sea manifestado; como hijos obedientes, no os conforméis a los deseos que antes teníais estando en vuestra ignorancia; sino, como aquel que os llamó es santo, sed también vosotros santos en toda vuestra manera de vivir; porque escrito está: Sed santos, porque yo soy santo.

Pasaje bíblico:

2 Corintios 10:3-5;
Romanos 8:5-6; Gálatas 5:16;
1 Pedro 1:13-16 (RV1960)

Notas

MOMENTO DE DECISIÓN

Si alguna vez has desperdiciado la tarde tratando de pasar de nivel en un video juego, cuando a la noche te has ido a acostar seguramente habrás visto un desfile incesante de enemigos hostiles que te atacan con tus párpados cerrados como telón de fondo. Eso sucede porque lo que ingresa en tu mente no está "de paso" sino que viene para quedarse. Y si no es algo bueno, puede llegar a ser una compañía bastante molesta.

Así como un resfrío afecta todo el cuerpo, de igual manera tus pensamientos influyen en la totalidad de tu comportamiento. Si te encierras en ti mismo a condolerte porque un amigo te ha herido, estarás dejando pasar muchas oportunidades de restablecer esa relación. Si permites que la televisión llene tus oídos de palabras soeces, incluso más de las que escuchas a diario en la calle, pronto comenzarás a oírlas de tus propios labios. Por otro lado, si llenas tu mente de las cosas que agradan a Dios y cierras tus oídos a las mentiras del enemigo, tus pies te conducirán a la victoria espiritual. Y eso es algo en lo que vale la pena pensar.

"Debemos admitir que estamos en guerra. Si no peleamos, ¿cómo habremos de reconquistar las fortalezas enemigas que están en nuestra mente?"
Watchman Nee

AVANCEMOS *A medida que los cimientos fraguan y se vuelven firmes al tacto, puedes comenzar a levantar las paredes. Irás incorporando elementos agradables que permitirán que tu vida avance un paso más.*

PARTE 8

Segunda línea defensiva

Jamás vas a dejar de necesitar lo que requiere la disciplina cristiana: orar, estudiar la Biblia y un tiempo a solas de meditación con el Señor. Nadie llega a ese punto. Sin embargo, Dios te ofrece mucho más que la comida indispensable para satisfacer tu apetito y para ayudarte a desarrollar dientes y huesos fuertes en tu vida espiritual. ¿Estás listo para darte un festín?

Dar una mano

Intercesión

Cuando oras por los problemas de los demás, los tuyos te asustan mucho menos.

Exhorto, pues, ante todo que se hagan rogativas, oraciones, peticiones *y* acciones de gracias por todos los hombres; por los reyes y por todos los que están en autoridad, para que podamos vivir una vida tranquila y sosegada con toda piedad y dignidad. *Porque* esto es bueno y agradable delante de Dios nuestro Salvador, el cual quiere que todos los hombres sean salvos y vengan al pleno conocimiento de la verdad.

Porque hay un solo Dios, *y* también un solo mediador entre Dios y los hombres, Cristo Jesús hombre, quien se dio a sí mismo en rescate por todos, testimonio *dado* a su debido tiempo…

Y de la misma manera, también el Espíritu nos ayuda en nuestra debilidad; porque no sabemos orar como debiéramos, pero el Espíritu mismo intercede *por nosotros* con gemidos indecibles; y aquel que escudriña los corazones sabe cuál es el sentir del Espíritu, porque El intercede por los santos conforme a *la voluntad de* Dios.

Y sabemos que para los que aman a Dios, todas las cosas cooperan para bien, *esto es,* para los que son llamados conforme a *su* propósito…

Por tanto, confesaos vuestros pecados unos a otros, y orad unos por otros para que seáis sanados. *La oración eficaz del justo puede lograr mucho.*

Pasaje bíblico:

1 Timoteo 2:1-6;

Romanos 8:26-28;

Santiago 5:16 (LBLA)

MOMENTO DE DECISIÓN

Notas

No necesitas ir muy lejos para encontrar motivos personales por los cuales pedirle a Dios en oración. Desde ese costoso repuesto para el auto que no puedes comprar hasta el trabajo que tienes que entregar pasado mañana, pasando por los pecados cometidos en el día, más las preocupaciones que no te permiten pegar un ojo durante la noche. Hay infinitas razones para mantener los oídos de Dios ocupados de manera continua hasta la semana próxima sin haber rebasado los límites de tu pequeño mundo.

Sin embargo, si bien es cierto que Dios toma en cuenta tus preocupaciones (y se complace en escucharte cuando acudes a Él en vez de dejarlo de lado), también desea una transformación en tu vida de oración así como está cambiando otros aspectos de tu vida. Por eso desea que dejes de lado la introspección para ocuparte de lo que te rodea, del servicio a los demás, de tu prójimo.

"Es una gran cosa hablar a los hombres de Dios, pero hablar a Dios de los hombres es aun mejor."

E. M. Bounds

Dios te está transformando en una persona que de verdad ama a otros y se ocupa de ellos. A medida que ese sentimiento por el prójimo forme parte de tu tiempo de oración, comenzarás a orar por ellos ante el Altísimo, compartirás la carga del sufrimiento de los demás y harás que cada vez confíen más en el Señor.

AVANCEMOS *A algunas personas no les convence demasiado la disciplina del ayuno. Sin embargo, quien más se opone es la vieja naturaleza que todavía vive en tu interior, que desea hacer siempre su voluntad.*

Desayuno de campeones

El ayuno

Una vez que te has saciado en la mesa de Dios, no tendrás hambre de nada más.

Cuando ayunen, no pongan cara triste como hacen los hipócritas, que demudan sus rostros para mostrar que están ayunando. Les aseguro que éstos ya han obtenido toda su recompensa.

Pero tú, cuando ayunes, perfúmate la cabeza y lávate la cara para que no sea evidente ante los demás que estás ayunando, sino *sólo ante tu Padre, que está en lo secreto; y tu Padre, que ve lo que se hace en secreto, te recompensará…*

El ayuno que he escogido, ¿no es más bien romper las cadenas de injusticia y desatar las correas del yugo, poner en libertad a los oprimidos y romper toda atadura? ¿No es acaso el ayuno compartir tu pan con el hambriento y dar refugio a los pobres sin techo, vestir al desnudo y no dejar de lado a tus semejantes?

Si así procedes, tu luz despuntará como la aurora, y al instante llegará tu sanidad; tu justicia te abrirá el camino, y la gloria del Señor te seguirá.

Llamarás, y el Señor responderá; pedirás ayuda, y él dirá: "¡Aquí estoy!"

Pasaje bíblico:
Mateo 6:16-18;
Isaías 58:6-9a (NVI)

MOMENTO DE DECISIÓN

Quizás pienses que el ayuno no es para ti. Después de todo, ¿no es una herramienta para gente más experimentada? Parece ser más apropiado para aquellos que cuentan con adecuadas reservas de santidad como para sobrevivir 40 días con solo agua y caldos.

A decir verdad, el ayuno es para cualquiera que alguna vez se haya sentido oprimido por un asunto urgente de oración, para quien lucha a fin de que su naturaleza pecadora no tenga la última palabra, para alguien que se levanta con la cabeza aturdida y que no puede concentrarse en algo ni por dos segundos sin sentirse bombardeado por una infinidad de pensamientos que acuden a su mente.

Es para todos.

Inténtalo con una comida, o por un día. Puedes ayunar de muchas cosas además de la comida en general, por ejemplo puedes ayunar de determinado alimento que te cuesta evitar, o de la televisión, de internet, de ir de compras… Puedes ayunar de cualquier cosa que se interponga entre tú y una relación pura y fluida con el Señor.

Al privar a los voraces apetitos de la carne de su alimento y dedicar ese tiempo a la oración, a la adoración y a la lectura de la Palabra, te sentirás renovado, como nuevo, completamente restaurado. Estarás otra vez en el rumbo correcto.

"El ayuno permite que subordinemos las necesidades del cuerpo a nuestra necesidad espiritual de Dios. Nos ayuda a controlar nuestros apetitos antes que estos nos controlen a nosotros."

James Houston

Notas

AVANCEMOS *Puede que no te guste pensar en fuerzas espirituales malignas que te tienen atrapado en sus redes, pero seguramente te agradará saber que les llevas ventaja.*

Listo para la batalla

Guerra espiritual

Habla con el diablo y recuérdale que el Todopoderoso pelea de tu lado.

Por último, fortalézcanse con el gran poder del Señor. Pónganse toda la armadura de Dios para que puedan hacer frente a las artimañas del diablo. ***Porque nuestra lucha no es contra seres humanos***, sino contra poderes, contra autoridades, contra potestades que dominan este mundo de tinieblas, contra fuerzas espirituales malignas en las regiones celestiales.

Por lo tanto, pónganse toda la armadura de Dios, para que cuando llegue el día malo puedan resistir hasta el fin con firmeza. Manténganse firmes, ceñidos con el cinturón de la verdad, protegidos por la coraza de justicia, y calzados con la disposición de proclamar el evangelio de la paz.

Además de todo esto, tomen el escudo de la fe, con el cual pueden apagar todas las flechas encendidas del maligno. Tomen el casco de la salvación y la espada del Espíritu, que es la palabra de Dios. Oren en el Espíritu en todo momento, con peticiones y ruegos. Manténganse alerta y perseveren en oración por todos los santos.

Pasaje bíblico:
Efesios 6:10-18 (NVI)

MOMENTO DE DECISIÓN

Notas

Así como el cuerpo y la mente que Dios nos ha creado son maravillosos e indescriptibles, Él ha puesto además ciertas restricciones para que no nos sintamos sobrecargados por las sensaciones y la información proveniente del exterior. Por ejemplo, si pudiéramos conocer en profundidad las terribles necesidades humanas en todo el mundo, nuestro corazón no podría soportar tamaño dolor. Si nuestros oídos pudieran detectar todos los sonidos que nos rodean, nos volveríamos locos.

Él sabe que podemos soportar solo un poco. Eso hace que nos preguntemos por qué dijo que tenemos lucha "contra potestades que dominan este mundo de tinieblas" y "contra fuerzas espirituales malignas en las regiones celestiales" (Efesios 6:12, NVI). Pareciera que un conocimiento tan horrible entra en la categoría de cosas que no necesitamos saber.

Lo que sucede es que Dios tiene motivos para ponernos sobre aviso. Él seguramente quiere que el diablo sepa que nosotros estamos al tanto de sus planes y que nosotros sepamos que no hay nada que temer. Si Cristo está al mando, nosotros que somos simples mortales, podemos contra todo.

"El diablo no le teme a nuestros esfuerzos humanos. Sin embargo, sabe que cuando elevamos nuestro corazón a Dios, el reino de tinieblas sufrirá grandes daños."

Jim Cymbala

AVANCEMOS *La vida de Cristo no enseña a desertar ante las situaciones difíciles. Con el Dios creador de todas las cosas, todo es posible.*

Cree solamente

Los milagros

Dios no nos está ilusionando con cosas que no se harán realidad; tenemos el derecho de confiar plenamente en Él.

Y sucedió que cuando terminó Jesús de dar instrucciones a sus doce discípulos, se fue de allí a enseñar y predicar en las ciudades de ellos.

Y al oír Juan en la cárcel de las obras de Cristo, mandó por medio de sus discípulos a decirle: ¿Eres tú el que ha de venir, o esperaremos a otro?

Y respondiendo Jesús, les dijo: Id y contad a Juan lo que oís y veis: los CIEGOS RECIBEN LA VISTA y los cojos andan, los leprosos quedan limpios, los sordos oyen, los muertos son resucitados y a los POBRES SE LES ANUNCIA EL EVANGELIO…

¿No crees que yo estoy en el Padre, y el Padre en mí? Las palabras que yo os digo, no las hablo por mi propia cuenta, sino que el Padre que mora en mí es el que hace las obras. Creedme que yo estoy en el Padre, y el Padre en mí; y si no, creed por las obras mismas.

En verdad, en verdad os digo: el que cree en mí, las obras que yo hago, él las hará también; y aun mayores que éstas hará, porque yo voy al Padre. Y todo lo que pidáis en mi nombre, lo haré, para que el Padre sea glorificado en el Hijo. ***Si me pedís algo en mi nombre, yo lo haré.***

Pasaje bíblico:

Mateo 11:1-5;
Juan 14:10-14 (LBLA)

MOMENTO DE DECISIÓN

Notas

Es probable que aceptes sin problemas que en la actualidad ocurren milagros. Incluso puedes tener la fe suficiente para creer que Dios puede obrar uno en tu vida. La mayor dificultad que se nos presenta en cuanto a que suceden milagros es comprender por qué a uno sí y al otro no. Parece ser algo tan arbitrario, escogido al azar y hasta impropio del Dios de orden y justicia que conocemos.

Sin embargo, Dios obra milagros con un propósito, el mismo que tuvo Cristo al realizar miles durante su ministerio en la tierra: "para que ustedes crean que Jesús es el Cristo, el Hijo de Dios, y para que al creer en su nombre tengan vida" (Juan 20:31, NVI).

Curar un cáncer, salvar una vida, restaurar una relación, proveer de dinero, dar la vista, localizar niños, relacionar personas y rescatar de la ruina, son solo medios que Dios usa para poder llegar al corazón de las personas, para captar la atención de algún escéptico, para aumentar la fe del que duda, o para atraer la mirada del perdido a la única respuesta que hay en la vida.

"Los milagros no nos alejan de la realidad. Son puntos de atención que hacen que en un momento la realidad se haga más evidente ante nuestros ojos."

C. S. Lewis

AVANCEMOS *Si estás dispuesto a abrir la boca, Dios te dará las palabras que has de pronunciar y también el auditorio preparado para escuchar lo que Jesucristo ha hecho por ti.*

Comparte las riquezas

Testificar

Tienes algo para contar que puede significar mucho para alguien, y un Dios que puede hacer que ustedes dos se encuentren.

Y acercándose Jesús, les habló, diciendo: Toda autoridad me ha sido dada en el cielo y en la tierra. Id, pues, y haced discípulos de todas las naciones, bautizándolos en el nombre del Padre y del Hijo y del Espíritu Santo, enseñándoles a guardar todo lo que os he mandado; y he aquí, yo estoy con vosotros todos los días, hasta el fin del mundo…

Estando siempre preparados para presentar defensa ante todo el que os demande razón de la esperanza que hay en vosotros, pero *hacedlo* con mansedumbre y reverencia; teniendo buena conciencia, para que en aquello en que sois calumniados, sean avergonzados los que difaman vuestra buena conducta en Cristo…

Perseverad en la oración, velando en ella con acción de gracias; orando al mismo tiempo también por nosotros, para que Dios nos abra una puerta para la palabra, a fin de dar a conocer el misterio de Cristo, por el cual también he sido encarcelado, para manifestarlo como debo hacerlo.

Andad sabiamente para con los de afuera, aprovechando bien el tiempo. Que vuestra conversación sea siempre con gracia, sazonada *como* con sal, para que sepáis cómo debéis responder a cada persona.

Pasaje bíblico:

Mateo 28:18-20;
1 Pedro 3:15b-16;
Colosenses 4:2-6 (LBLA)

MOMENTO DE DECISIÓN

Notas

"Ahora bien, ¿cómo invocarán a aquel en quien no han creído? ¿Y cómo creerán en aquel de quien no han oído? ¿Y cómo oirán si no hay quien les predique?" (Romanos 10:14, NVI).

Tiene razón.

Si bien es lógica pura, enseguida hallarás alguna excusa apropiada. O que estás muy apurado, o que no sabes lo suficiente de la Biblia, o que no eres tan buen cristiano que digamos. Por si fuera poco, estás seguro de que no les interesa y para colmo se te está por quemar la comida que tienes al fuego.

Sin embargo, si te das cuenta de que Dios te puede usar allí donde estás, de que no eres responsable por cómo la otra persona recibe tu testimonio y de que no sabes qué puede pasar mañana con la semilla que siembras hoy, entonces hablarás de Dios con libertad dondequiera que Él te lo muestre. Y confiarás en que Dios llegará al corazón de quienes te rodean.

"Tienes que estar dispuesto a entrar al mundo de los demás y contarles acerca de Cristo, en lugar de pretender que vengan al tuyo antes que les hayas hablado."

John Kramp

AVANCEMOS *Todos sabemos que el amor es la fuerza unificadora que convierte nuestra fidelidad en efectividad. Sin embargo, le sigue muy de cerca un segundo ingrediente clave: el perdón.*

Pasar por alto

El perdón

Aprenderás a perdonar, de lo contrario llevarás una vida de escasa bendición y un ministerio en cortocircuito permanente.

Por eso, el reino de los cielos puede compararse a cierto rey que quiso ajustar cuentas con sus siervos. Y al comenzar a ajustar*las,* le fue presentado uno que le debía diez mil talentos. Pero no teniendo él *con qué* pagar, su señor ordenó que lo vendieran, junto con su mujer e hijos y todo cuanto poseía, y que se *le* pagara la deuda.

Entonces el siervo cayó postrado ante él, diciendo: "Ten paciencia conmigo y todo te lo pagaré." Y el señor de aquel siervo tuvo compasión, y lo soltó y le perdonó la deuda. Pero al salir aquel siervo, encontró a uno de sus consiervos que le debía cien denarios, y echándole mano, *lo* ahogaba, diciendo: "Paga lo que debes." Entonces su consiervo, cayendo *a sus pies,* le suplicaba, diciendo: "Ten paciencia conmigo y te pagaré." Sin embargo, él no quiso, sino que fue y lo echó en la cárcel hasta que pagara lo que debía. Así que cuando vieron sus consiervos lo que había pasado, se entristecieron mucho, y fueron y contaron a su señor todo lo que había sucedido.

Entonces, llamándolo su señor, le dijo: "Siervo malvado, te perdoné toda aquella deuda porque me suplicaste. "***¿No deberías tú también haberte compadecido de tu consiervo***, así como yo me compadecí de ti?"

Pasaje bíblico:

Mateo 18:23-33 (LBLA)

Notas

MOMENTO DE DECISIÓN

Sabes cuánto le agrada a Dios que vayas al templo. Él sonríe mientras luchas contigo mismo para salir de la cama el domingo por la mañana, cuando lavas tu rostro, desayunas algo y sales presuroso para empaparte de la comunión con los hermanos y de la alabanza, y escuchas la Palabra explicada o aplicada en el fluir de la adoración. Asiste a cada reunión que se realice en la iglesia, ya sea en domingo o en la semana, y habrás avanzado bastante en cuanto a tener tus prioridades cristianas en perfecto orden.

Así como conoces la importancia de asistir y participar en las actividades de la iglesia para tu salud espiritual, también es importante prestar atención a las palabras de Jesús cuando indica: "Por lo tanto, si estás presentando tu ofrenda en el altar y allí recuerdas que tu hermano tiene algo contra ti, deja tu ofrenda allí delante del altar. Ve primero y reconcíliate con tu hermano; luego vuelve y presenta tu ofrenda" (Mateo 5:23-24, NVI).

"El amor es la principal arma que tenemos para hacer frente a las crisis de este mundo, y el amor únicamente opera en un estado de reconciliación y perdón."

Pat Robertson

Si no perdonas primero, tu vida permanecerá prácticamente vacía y harás un enorme esfuerzo para poder adorar y servir.

AVANCEMOS *Uno de los momentos de mayor santidad dentro de la experiencia cristiana es la práctica de la Santa Cena del Señor. No te pierdas su profundo significado.*

Pan de vida

Cena del Señor

Cada vez que recibes el pan y el vino eres testigo del misterio más increíble de la vida.

Porque yo recibí del Señor lo que también os he enseñado: Que el Señor Jesús, la noche que fue entregado, tomó pan; y habiendo dado gracias, lo partió, y dijo: Tomad, comed; ***esto es mi cuerpo que por vosotros es partido; haced esto en memoria de mí.*** Asimismo tomó también la copa, después de haber cenado, diciendo: Esta copa es el nuevo pacto en mi sangre; haced esto todas las veces que la bebiereis, en memoria de mí. Así, pues, todas las veces que comiereis este pan, y bebiereis esta copa, la muerte del Señor anunciáis hasta que él venga.

De manera que cualquiera que comiere este pan o bebiere esta copa del Señor indignamente, será culpado del cuerpo y de la sangre del Señor. Por tanto, pruébese cada uno a sí mismo, y coma así del pan, y beba de la copa. Porque el que come y bebe indignamente, sin discernir el cuerpo del Señor, juicio come y bebe para sí.

Por lo cual hay muchos enfermos y debilitados entre vosotros, y muchos duermen. Si, pues, nos examinásemos a nosotros mismos, no seríamos juzgados; mas siendo juzgados, somos castigados por el Señor, para que no seamos condenados con el mundo.

Pasaje bíblico:
1 Corintios 11:23-32 (RV1960)

MOMENTO DE DECISIÓN

Notas

En un mediodía gris y frío, un caballero sigue con atención y solemnidad la ceremonia en que se recuerda a los soldados caídos en batalla. Como todos los años, lleva puesto su uniforme militar y se para en posición de firme, mientras que con la mano se enjuga una lágrima. A una cuadra de allí un joven empresario agobiado conduce su automóvil por callejuelas y caminos alternativos. Va mascullando sobre su sorpresa ante el motivo en que hayan cortado una calle céntrica justo al mediodía.

La única razón por la cual las costumbres y las tradiciones se convierten en rituales sin sentido es porque olvidamos o no comprendemos su significado, pero cuando comemos del pan y bebemos de la copa de la comunión, nos estamos uniendo a millones de hermanos cristianos de todo el mundo y de todos los tiempos. De esa manera afirmamos nuestra fe en común y recordamos el precio de nuestra salvación. Es una forma de renovar nuestro compromiso con una vida de santidad y de dejar nuestros pecados a los pies de la cruz. Y es solo un indicio de lo que será aquella celebración cuando nos reunamos alrededor de la mesa celestial en la "cena de las bodas del Cordero" (Apocalipsis 19:9, NVI). Ven y participa.

"La Cena del Señor es conmemorativa, por lo tanto tiene la misma esencia de una prenda o un recuerdo de amor que deja un moribundo a un amigo muy amado. Es como un anillo arrancado de la mano de Cristo, como un brazalete de su propio brazo, o mejor dicho, como una imagen de su pecho."

John Flavel

AVANCEMOS *Para poder llegar a ser lo que Dios espera que seas, no basta con tu firme propósito de lograrlo; necesitarás grandes dosis del Espíritu Santo de Dios.*

Más y más

Lleno del Espíritu

Para guiarte Dios tiene una manera mucho mejor que cualquier otra que inventes por tu cuenta.

Porque el deseo de la carne es contra el Espíritu, y el *del* Espíritu *es* contra la carne, pues éstos se oponen el uno al otro, de manera que no podéis hacer lo que deseáis. Pero si sois guiados por el Espíritu, no estáis bajo la ley.

Ahora bien, las obras de la carne son evidentes, las cuales son: inmoralidad, impureza, sensualidad, idolatría, hechicería, enemistades, pleitos, celos, enojos, rivalidades, disensiones, sectarismos, envidias, borracheras, orgías y cosas semejantes, contra las cuales os advierto, como ya os lo he dicho antes, que los que practican tales cosas no heredarán el reino de Dios.

Mas el fruto del Espíritu es amor, gozo, paz, paciencia, benignidad, bondad, fidelidad, mansedumbre, dominio propio; contra tales cosas no hay ley. Pues los que son de Cristo Jesús han crucificado la carne con sus pasiones y deseos. ***Si vivimos por el Espíritu, andemos también por el Espíritu…***

Jesús puesto en pie, exclamó en alta voz, diciendo: Si alguno tiene sed, que venga a mí y beba. El que cree en mí, como ha dicho la Escritura: "De lo más profundo de su ser brotarán ríos de agua viva." Pero El decía esto del Espíritu, que los que habían creído en El habían de recibir.

Pasaje bíblico:

Gálatas 5:17-25;
Juan 7:37b-39a (LBLA)

MOMENTO DE DECISIÓN

Sí, existe una manera de hacer funcionar el auto sin combustible. Puedes ponerlo en punto muerto, abrir la puerta del lado del conductor, empujar con toda la fuerza que puedas generar en tus hombros y rodillas, y llegar así, al menos, a estacionarlo a un costado del camino antes de que algún otro auto te lleve por delante. No irás muy lejos ni muy rápido. Aun cuando puedas empujarlo durante cierto trecho, en determinado momento te encontrarás con una pendiente que hará vanos todos tus esfuerzos.

Así es la vida sin el poder del Espíritu Santo, que anima todo tu accionar, que inyecta tu mente de pensamientos espirituales y te conduce a actos de amor desinteresados, a obrar con bondad con aquellos que necesitan sentir la tierna mano de Dios.

Si no quieres quedarte atascado a un lado de la carretera que es la vida cristiana, ofrece al Espíritu un auto limpio para que Él lo conduzca. Permítele llevarte a dar un paseo por donde quieras, pero mantén tu tanque lleno de un propósito supremo, las ruedas alineadas y balanceadas, y el motor en perfecto estado.

"La mejor manera de cultivar un carácter virtuoso es sometiéndonos completamente al Espíritu para que haga su obra y lleve su fruto."

R. A. Torrey

Notas

AVANCEMOS *Si deseas contar con la bendición de la continua presencia de Dios, debes aceptar su corrección y reprensión. Es por tu bien. Lo digo en serio.*

Me hacía falta

La disciplina divina

En ocasiones Dios cortará las alas de tu libertad para ayudarte a comprender lo que significa la verdadera libertad.

Y ya han olvidado por completo las palabras de aliento que como a hijos se les dirige:

"Hijo mío, no tomes a la ligera la disciplina del Señor ni te desanimes cuando te reprenda, porque el Señor disciplina a los que ama, y azota a todo el que recibe como hijo".

Lo que soportan es para su disciplina, pues Dios los está tratando como a hijos. ¿Qué hijo hay a quien el padre no disciplina? Si a ustedes se les deja sin la disciplina que todos reciben, entonces son bastardos y no hijos legítimos. Después de todo, aunque nuestros padres humanos nos disciplinaban, los respetábamos. ¿No hemos de someternos, con mayor razón, al Padre de los espíritus, para que vivamos?

En efecto, nuestros padres nos disciplinaban por un breve tiempo, como mejor les parecía; pero ***Dios lo hace para nuestro bien, a fin de que participemos de su santidad.***

Ciertamente, ninguna disciplina, en el momento de recibirla, parece agradable, sino más bien penosa; sin embargo, después produce una cosecha de justicia y paz para quienes han sido entrenados por ella.

Por tanto, renueven las fuerzas de sus manos cansadas y de sus rodillas debilitadas.

Pasaje bíblico:

Hebreos 12:5-12 (NVI)

Notas

MOMENTO DE DECISIÓN

Los padres se caracterizan por comprarte helados y chicles, pasearte sobre sus hombros o enseñarte a hacer bien el nudo de la corbata.

También se los reconoce por los castigos con el cinturón, por el interrogatorio cuando has regresado tarde y por imponerte un mes sin salidas para asegurarse de que no vuelva a ocurrir.

Los padres que se ocupan y cuidan de sus hijos están dispuestos a verte sufrir, si ese sufrimiento temporal te evita grandes calamidades futuras. También están dispuestos a dejarte caer, si ese pequeño golpe a tu orgullo puede hacer que seas más cuidadoso la próxima vez. Y también a interferir en tu diversión, si con su advertencia pueden enseñarte que la vida no es un juego.

Tu Padre se preocupa por ti, lo suficiente como para permitirte enfrentar las consecuencias de tu pecado, para que sientas el dolor que has causado a otra persona y para permitir cosas en tu vida que sobrepasen tus propias fuerzas de manera que como un niño cuando ya no puede más, puedas clamar por ayuda a Papá. Quiere que sepas que puedes confiar en Él.

"Jamás comprenderemos lo que nuestro Padre está haciendo en nuestras vidas hasta tanto aceptemos que Él está dispuesto a disciplinarnos."

James Lucas

AVANCEMOS *Tu casa es también de Dios, tu auto es suyo; también tu dinero y tu familia. Cada cosa que posees le pertenece. Solamente están a tu cuidado.*

Algo prestado

Mayordomía

Dios es tremendamente generoso al prestarnos todas las cosas que tenemos. ¿Estás dispuesto a comenzar a devolvérselas?

No acumulen para sí tesoros en la tierra, donde la polilla y el óxido destruyen, y donde los ladrones se meten a robar. Mas bien, acumulen para sí tesoros en el cielo, donde ni la polilla ni el óxido carcomen, ni los ladrones se meten a robar. ***Porque donde esté tu tesoro, allí estará también tu corazón…***

Nadie puede servir a dos señores, pues menospreciará a uno y amará al otro, o querrá mucho a uno y despreciará al otro. No se puede servir a la vez a Dios y a las riquezas…

A los ricos de este mundo, mándales que no sean arrogantes ni pongan su esperanza en las riquezas, que son tan inseguras, sino en Dios, que nos provee de todo en abundancia para que lo disfrutemos. Mándales que hagan el bien, que sean ricos en buenas obras, y generosos, dispuestos a compartir lo que tienen.

De este modo atesorarán para sí un seguro caudal para el futuro y obtendrán la vida verdadera.

Pasaje bíblico:
Mateo 6:19-21,24;
1 Timoteo 6:17-19 (NVI)

Notas

MOMENTO DE DECISIÓN

Dentro de la jerga cristiana *mayordomía* suele ser el nombre clave del manejo de fondos. Eso no hace más que limitar el principio de la mayordomía al ámbito del dinero. Como discípulo comprometido con Jesucristo, estás a cargo de una enorme cantidad de bendiciones que puedes usar, compartir e invertir, pero jamás poseer.

El dinero es una de ellas, por supuesto, pero también lo es tu tiempo y todos tus talentos y habilidades. Incluso las palabras que pronuncias y la salud que gozas son dones que provienen de la mano de Dios y cada uno requiere de especial atención, de sabia administración y, en ocasiones, hasta de cierta limitación.

"Un buen mayordomo reconoce el valor de lo que tiene en sus manos y lo administra con sabiduría para la gloria del amo."

Jack Taylor

A medida que demuestras tu fidelidad en la administración de una pequeña parte de los recursos divinos, no te sorprendas si Dios encarga más a tu cuidado, pues sabe que puede confiar en tu forma de manejar su propiedad para que sea un canal por donde la bendición divina fluya a otros, de la misma manera que Él te la prodiga.

Mientras mantengas los intereses divinos en el corazón, el dinero no se te subirá a la cabeza.

AVANCEMOS *La vida cristiana conlleva muchos desafíos como estos, pero la vida en general no es fácil para nadie. Entonces, ¿por qué no permitimos que al menos nuestros desafíos valgan la pena?*

Parte 9

De aquí a la eternidad

No podemos acusar a Dios de publicidad engañosa. Él emplea el mismo tamaño de letra tanto para los aspectos difíciles de la vida cristiana como para los atractivos. Sin embargo, cuando se trata de revelarnos cómo es el cielo y los tesoros que allí tendremos por ser sus hijos, ten por seguro que no nos está diciendo todo. Se necesitaría un libro mucho más grande.

Juicios de valor

Elecciones sabias

A veces tu elección no es entre lo bueno y lo malo, sino entre lo bueno y lo mejor.

Y en Gabaón el SEÑOR se apareció a Salomón de noche en sueños, y Dios *le* dijo: Pide lo que *quieras que* yo te dé.

Entonces Salomón dijo: Tú has usado de gran misericordia con tu siervo David mi padre, según él anduvo delante de ti con fidelidad, justicia y rectitud de corazón hacia ti; y has guardado para él esta gran misericordia, en que le has dado un hijo que se siente en su trono, como *sucede* hoy.

Y ahora, SEÑOR Dios mío, has hecho a tu siervo rey en lugar de mi padre David, aunque soy un muchacho y no sé cómo salir ni entrar. Tu siervo está en medio de tu pueblo al cual escogiste, un pueblo inmenso que no se puede numerar ni contar por *su* multitud. Da, pues, a tu siervo un corazón con entendimiento para juzgar a tu pueblo *y* para discernir entre el bien y el mal. Pues ¿quién será capaz de juzgar a este pueblo tuyo tan grande?

Y fue del agrado a los ojos del Señor que Salomón pidiera esto. Y Dios le dijo: Porque has pedido esto y no has pedido para ti larga vida, ni has pedido para ti riquezas, ni has pedido la vida de tus enemigos, sino que has pedido para ti inteligencia para administrar justicia, he aquí, he hecho conforme a tus palabras. He aquí, ***te he dado un corazón sabio y entendido***, de modo que no ha habido ninguno como tú antes de ti, ni se levantará ninguno como tú después de ti.

Pasaje bíblico:
1 Reyes 3:5-12 (LBLA)

Notas

MOMENTO DE DECISIÓN

Tendrás menos cosas de las que arrepentirte, decepcionarás menos a las personas y a ti mismo y mantendrás un mesurado programa diario de actividades. Todo esto a cambio de aprender una sencilla respuesta:

"No."

Ya ves, pudiste decirlo. No dije que fuera sencillo hacerlo. Posiblemente tuviste que escoger ir a la biblioteca en lugar de al picnic que organiza la Escuela Dominical, o quedarte despierto dos horas más esta noche con tal de hacerte un tiempo en la tarde para acompañar a tu hijo a la liga infantil de fútbol, o terminar de preparar un estudio bíblico en lugar de ver tu programa de deportes favorito. Ese es el tipo de elecciones que tienes que tomar si deseas ser como Dios quiere que seas, como el cristiano que anhelas ser cuando te sientes inspirado por un sermón o sientes que un libro te habla directo al corazón. Aprender a decir que no a las cosas buenas por preferir las mejores te hará avanzar años luz en tu vida cristiana. Incluso disfrutarás más de la vida al seguir el paso firme y seguro de Dios.

"Tenemos la libertad de rechazar las buenas oportunidades con tal de aceptar las mejores. También podemos abocarnos a ciertas cosas sin creer que tenemos que hacerlo todo."

Peg Rankin

AVANCEMOS *La clave está en establecer prioridades. Tenemos que contar con un esquema organizado que nos permita tomar decisiones adecuadas, evitar las distracciones sin sentido e incrementar nuestra determinación a obedecer.*

Vidas con propósito

Establecer prioridades

Cuando sabes quién eres y a dónde vas, puedes vivir para Dios con todas tus fuerzas.

Procura con diligencia presentarte a Dios aprobado, *como* obrero que no tiene de qué avergonzarse, que maneja con precisión la palabra de verdad…

Ahora bien, en una casa grande no solamente hay vasos de oro y de plata, sino también de madera y de barro, y unos para honra y otros para deshonra. Por tanto, si alguno se limpia de estas *cosas*, será un vaso para honra, santificado, útil para el Señor, preparado para toda buena obra…

Hijo mío, presta atención a mis palabras, inclina tu oído a mis razones; que no se aparten de tus ojos, guárdalas en medio de tu corazón. Porque son vida para los que las hallan, y salud para todo su cuerpo.

Con toda diligencia guarda tu corazón, porque de él *brotan* los manantiales de la vida.

Aparta de ti la boca perversa, y aleja de ti los labios falsos.

Miren tus ojos hacia adelante, y fíjese tu mirada en lo que está frente a ti.

Fíjate en el sendero de tus pies, y todos tus caminos serán establecidos. No te desvíes a la derecha ni a la izquierda; aparta tu pie del mal.

Pasaje bíblico:
2 Timoteo 2:15,20-21;
Proverbios 4:20-27 (LBLA)

Notas

MOMENTO DE DECISIÓN

Enunciados de visión, valores fundamentales y principios clave son expresiones que habitualmente se escuchan en las reuniones de juntas directivas empresariales o de capacitación en ventas. Son generalidades que engloban la esencia de los objetivos con el fin de ayudar a los empleados a evaluar sus decisiones diarias a la luz de criterios preestablecidos.

Y funcionan, porque cuando uno logra sopesar una situación con algo más que una corazonada, uno puede permanecer fiel a sus objetivos y verlos hacerse realidad ante los propios ojos.

Es por eso que todo cristiano necesita tomarse el tiempo de planificar sus prioridades personales en cuanto a la fe, la familia, el llamado ministerial, su carrera profesional y la vida cotidiana. Establecer las prioridades en oración te ayudará a administrar el tiempo de manera más productiva y a tener en cuenta el valor de las promesas y los compromisos. Eso también permitirá frustrar los intentos del mundo por mantenerte ocupado en cuestiones triviales, cuando lo que Dios desea es que te ocupes de cosas realmente importantes.

Si dejas tu vida a su libre arbitrio, tenderá al deterioro, pero guiada por el Espíritu cumplirá su misión de la mejor manera.

"Si el cristianismo es falso no tiene importancia, pero si es verdad es infinitamente importante. Lo único que el cristianismo no admite es el término medio."

C. S. Lewis

AVANCEMOS *No te asombres si no puedes estar completamente de acuerdo con todos los hermanos de la iglesia o con quienes dicen conocer a Cristo. Sorpréndelos. Ámalos de todos modos.*

Al margen de las peleas

Unidad en la diversidad

Tal vez no todos los miembros de la familia te simpaticen, pero con la ayuda de Dios podrás congeniar con ellos.

De hecho, aunque el cuerpo es uno solo, tiene muchos miembros, y todos los miembros, no obstante ser muchos, forman un solo cuerpo. Así sucede con Cristo. Todos fuimos bautizados por un solo Espíritu para constituir un solo cuerpo —ya seamos judíos o gentiles, esclavos o libres—, y a todos se nos dio a beber de un mismo Espíritu…

En realidad, Dios colocó cada miembro del cuerpo como mejor le pareció…

El ojo no puede decirle a la mano: "No te necesito." Ni puede la cabeza decirles a los pies: "No los necesito." Al contrario, los miembros del cuerpo que parecen más débiles son indispensables, y a los que nos parecen menos honrosos los tratamos con honra especial. Y se les trata con especial modestia a los miembros que nos parecen menos presentables, mientras que los más presentables no requieren trato especial.

Así Dios ha dispuesto los miembros de nuestro cuerpo, dando mayor honra a los que menos tenían, a fin de que no haya división en el cuerpo, sino que sus miembros se preocupen por igual unos por otros.

Si uno de los miembros sufre, los demás comparten su sufrimiento; y si uno de ellos recibe honor, los demás se alegran con él.

Pasaje bíblico:
1 Corintios 12:12-13,18,21-26 (NVI)

Notas

MOMENTO DE DECISIÓN

Cuando recién te has convertido a Cristo, te parece que has llegado al país de los sueños: todo el mundo es amable y atento contigo, todos se muestran dispuestos a estrechar tu mano o a interesarse por tu vida. Sin embargo, a medida que pasa el tiempo y conoces mejor al pueblo de Dios, incluso al hermano que se sienta junto a ti en el templo, te darás cuenta de que somos muy diferentes. Provenimos de trasfondos diferentes, tenemos llamados diferentes, opinamos diferente y nuestras expectativas son diferentes. Entonces, si juntamos todas esas personalidades tan heterogéneas en un solo cuerpo, eso se convertirá en una dura prueba para nuestras habilidades de relación.

Recurre al Espíritu Santo, que con su enorme capacidad de amar puede llenar tu corazón de gracia y paciencia. Él tiene poder para ayudarte a darles a las personas libertad de vivir con su temperamento, de marchar a su propio ritmo y de expresar sus motivos para sostener determinada gama de creencias.

"Mientras nuestro conocimiento sea imperfecto, nuestras preferencias pueden variar y podremos diferir en nuestra opinión. Seamos flexibles en las cuestiones intrascendentes."

Charles Swindoll

C. S. Lewis escribió lo siguiente: "Cuando está todo dicho acerca de las divisiones de la cristiandad, por gracia de Dios todavía queda un enorme trasfondo en común". Si aprendes a convivir con eso, serás una persona feliz.

AVANCEMOS *Más allá de cuántos amigos inconversos tengas, ellos sienten curiosidad por tu nueva fe pero no están seguros de aceptarla. Persevera... tu amor los ayudará en el proceso.*

Tiempo y dedicación

Paciente con los que no son salvos

El Señor te esperó durante bastante tiempo. ¿Cuánto tiempo piensas darles a tus amigos?

Por lo cual no tienes excusa, oh hombre, quienquiera *que seas tú* que juzgas, pues al juzgar a otro, a ti mismo te condenas, porque tú que juzgas practicas las mismas cosas.

Y sabemos que el juicio de Dios justamente cae sobre los que practican tales cosas. ¿Y piensas esto, oh hombre, tú que condenas a los que practican tales cosas y haces lo mismo, que escaparás al juicio de Dios? ¿O *tienes en poco las riquezas de su bondad*, tolerancia y paciencia, ignorando que la bondad de Dios te guía al arrepentimiento?.. Porque en Dios no hay acepción de personas...

No juzguéis para que no seáis juzgados. Porque con el juicio con que juzguéis, seréis juzgados; y con la medida con que midáis, se os medirá...

Pero, amados, no ignoréis esto: que para el Señor un día es como mil años, y mil años como un día. El Señor no se tarda *en cumplir* su promesa, según algunos entienden la tardanza, sino que es paciente para con vosotros, no queriendo que nadie perezca, sino que todos vengan al arrepentimiento.

Pasaje bíblico:

Romanos 2:1-4,11;

Mateo 7:1-2;

2 Pedro 3:8-9 (LBLA)

MOMENTO DE DECISIÓN

Notas

Hoy en día es frecuente hallar personas traumatizadas con diferentes tipos de complejos. Es raro que alguien no haya sufrido, al menos en forma superficial, algún tipo de maltrato, abandono, divorcio o tal vez desilusión. Incluso aquellas personas que parecen marchar sin problemas por la vida pueden ser víctimas del cinismo, o quizás están haciendo un esfuerzo por ocultar su baja autoestima. Les cuesta aceptar que Dios sea como es. Y si él existiera, ¿por qué habría de amar a personas como ellos?

Por esa razón algunos que incluso ansían lo que tú has hallado no pueden creer todo lo que les dices. Necesitan verlo en tu vida y para eso tienes que dedicarles tiempo, aun cuando sea inoportuno o inconveniente para ti, pero necesitan ver tu interés por sus necesidades y sus preocupaciones.

"Nuestro propósito no es forzar a las personas a que vivan como cristianos sino persuadirlos a que tengan en cuenta a Cristo."
John Fischer

Puede llevarte meses... o años. Puede que jamás suceda. ¿Estás de todas maneras dispuesto a que Dios te presente a las personas que Él desea que se te acerquen? ¿Estás dispuesto a invertir tu vida en la vida de otra persona? ¿Estás dispuesto a caminar la otra milla con tal de que un amigo no se pierda?

AVANCEMOS *No todos los que necesitan oír tu testimonio cristiano están en el trabajo o a la vuelta de la esquina. El mejor auditorio para testificar se encuentra en tu propio hogar.*

Pasemos la antorcha

Disciplinemos a nuestros hijos

Que nunca estemos tan ocupados en llevar el mensaje al mundo que olvidemos a los pequeños que están a nuestro lado.

Amarás al SEÑOR tu Dios con todo tu corazón, con toda tu alma y con toda tu fuerza. Y estas palabras que yo te mando hoy, estarán sobre tu corazón; y diligentemente las enseñarás a tus hijos, y hablarás de ellas cuando te sientes en tu casa y cuando andes por el camino, cuando te acuestes y cuando te levantes.

Y las atarás como una señal a tu mano, y serán por insignias entre tus ojos. Y las escribirás en los postes de tu casa y en tus puertas...

No *lo* ocultaremos a sus hijos, sino que ***contaremos a la generación venidera las alabanzas del SEÑOR***, su poder y las maravillas que hizo.

Porque El estableció un testimonio en Jacob, y puso una ley en Israel, la cual ordenó a nuestros padres que enseñaran a sus hijos; para que la generación venidera *lo* supiera, *aun* los hijos que habían de nacer; *y* éstos se levantaran y lo contaran a sus hijos, para que ellos pusieran su confianza en Dios, y no se olvidaran de las obras de Dios, sino que guardaran sus mandamientos...

Y aun en la vejez y las canas, no me desampares, oh Dios, hasta que anuncie tu poder a *esta* generación, tu poderío a todos los que han de venir.

Pasaje bíblico:

Deuteronomio 6:5-9;
Salmos 78:4-7; 71:18 (LBLA)

MOMENTO DE DECISIÓN

Están contigo solo por unos años. Pregúntale a alguien que tenga hijos que ya crecieron y abandonaron el nido, y te darás cuenta de que el tiempo vuela. Tendrán 18, 25 años, tendrán sus propios hijos, pero a los ojos de los padres serán siempre esos pequeños que necesitaban sentarse sobre el directorio telefónico de la ciudad para alcanzar la mesa.

¡Qué rápido crecen! De solo pensarlo se te hace un nudo en la garganta.

Por eso este es el momento, es tu oportunidad. Dios depende de ti para que eches los cimientos en la vida de tu hijo. No importa cuán ocupado estés con miles de cosas, ni que no estés acostumbrado a hablar de cuestiones espirituales delante de tu familia. Tienes que reflejar a Cristo delante de tu pequeño. Debes ser un modelo de amorosa autoridad. Debes ser el refugio al que vayan en busca de una respuesta sincera. Tienes que ser un ejemplo viviente de que todo lo que se dice en la iglesia puede ponerse en práctica en lo cotidiano.

Ayúdalos a que en el presente sujeten su voluntad a la tuya, para que cuando sean mayores y dueños de sí mismos puedan someterse a la voluntad de Dios.

"Si abandonamos la visión que tenemos para criar a nuestros niños, perderemos el rumbo e iremos a la deriva guiados únicamente por nuestros intereses personales."

Susan Card

AVANCEMOS *Uno de los estilos de vida de mayor influencia que puedes adoptar es el de la liberalidad, para permitir que las bendiciones divinas fluyan a través de ti y pasen a otros. Ser generoso es una manera.*

Notas

A manos llenas

Generosidad

Cuando retienes tus posesiones es porque no comprendes el propósito por el cual Dios te las ha dado.

Pero esto digo: El que siembra escasamente, también segará escasamente; y *el que siembra generosamente, generosamente también segará.*

Cada uno dé como propuso en su corazón: no con tristeza, ni por necesidad, porque Dios ama al dador alegre. Y poderoso es Dios para hacer que abunde en vosotros toda gracia, a fin de que, teniendo siempre en todas las cosas todo lo suficiente, abundéis para toda buena obra...

Y el que da semilla al que siembra, y pan al que come, proveerá y multiplicará vuestra sementera, y aumentará los frutos de vuestra justicia, para que estéis enriquecidos en todo para toda liberalidad, la cual produce por medio de nosotros acción de gracias a Dios.

Porque la ministración de este servicio no solamente suple lo que a los santos falta, sino que también abunda en muchas acciones de gracias a Dios.

Pues por la experiencia de esta ministración glorifican a Dios por la obediencia que profesáis al evangelio de Cristo, y por la liberalidad de vuestra contribución para ellos y para todos.

Pasaje bíblico:

2 Corintios 9:6-8,10-13

(RV1960)

MOMENTO DE DECISIÓN

Si nunca has pasado por la experiencia de mirar a un mendigo a los ojos y ofrecerle la comida que has preparado para ti mismo, se puede decir que no has vivido. Si jamás sentiste que Dios te impulsaba a darle ese dinero que tenías a cierta pareja de tu congregación que te comenta cuánto había clamado a Dios por esa exacta suma de dinero, se puede decir que no has vivido. Si no has aprendido que dar es un privilegio y que es contagioso, se puede decir que no has vivido.

Dar es una alegría.

Separa el 10% (el diezmo) que Dios pide que inviertas en la iglesia. La mayoría de la gente se siente conforme con poner unas cuantas monedas o algún billete en el plato de la ofrenda, como si le estuvieran dando una propina a Dios. ¿Cómo podrías sentirte satisfecho de darle a tu Señor una migaja después de todo lo que Él ha hecho fielmente por ti? Cosas como proveerte de ropa, darte una despensa bien surtida y hacer que tu corazón bombee sangre 60 veces por minuto. Devolverle a Dios todo lo que sea posible para que así otros puedan disfrutar de las mismas cosas que uno, no es una obligación. Es un honor y un gozo. ¡Inténtalo y verás!

Notas

"Dar con un corazón agradecido sin esperar nada a cambio es una dulce ofrenda para Aquel que, en definitiva, es el dueño de cuanto tienes."

Mary Hunt

AVANCEMOS *Entre todo lo que tienes que agradecerle a Dios, dale gracias por saber que la muerte es solo una puerta tras la cual te espera una recompensa.*

Dudas mortales

Victoria sobre la muerte

El diablo puede gritar, chillar y patalear todo lo que quiera. Jamás obtendrá tu alma.

Se siembra en corrupción, resucitará en incorrupción. Se siembra en deshonra, resucitará en gloria; se siembra en debilidad, resucitará en poder. Se siembra cuerpo animal, resucitará cuerpo espiritual…

He aquí, os digo un misterio: No todos dormiremos; pero todos seremos transformados, en un momento, en un abrir y cerrar de ojos, a la final trompeta; porque se tocará la trompeta, y los muertos serán resucitados incorruptibles, y nosotros seremos transformados.

Porque es necesario que esto corruptible se vista de incorrupción, y esto mortal se vista de inmortalidad. Y cuando esto corruptible se haya vestido de incorrupción, y esto mortal se haya vestido de inmortalidad, entonces se cumplirá la palabra que está escrita: Sorbida es la muerte en victoria.

¿***Dónde está, oh muerte, tu aguijón***? ¿Dónde, oh sepulcro, tu victoria?

Ya que el aguijón de la muerte es el pecado, y el poder del pecado, la ley. Mas gracias sean dadas a Dios, que nos da la victoria por medio de nuestro Señor Jesucristo.

Así que, hermanos míos amados, estad firmes y constantes, creciendo en la obra del Señor siempre, sabiendo que vuestro trabajo en el Señor no es en vano.

Pasaje bíblico:
1 Corintios 15:42b-44a,51-58 (RV1960)

MOMENTO DE DECISIÓN

Jonatán tenía 8 años y apenas la altura suficiente para ser admitido en la montaña rusa. Le insistieron todo el día: "¿Seguro que quieres subir? Te va a dar miedo..."

Con los labios decía que sí... con los ojos expresaba su duda.

Dejó la gorra al cuidado de su mamá y se ubicó junto al papá en los molinetes. Avanzaban poco a poco. Su risa se volvía cada vez más nerviosa y le costaba mantener las manos y los pies quietos.

Al poco tiempo, el miedo inundaba su cara. "Podemos desistir, hijo. No hay problema." El pequeño negó con la cabeza y se sentaron en el carrito. Estaba pálido y con los nudillos apretados. Durante los 45 segundos más largos de su joven vida estuvo suspendido entre el cielo y la tierra, entre la gloria y el horror. Contenía el aliento y cerraba los ojos en cada bajada, hasta que por fin el carrito se detuvo bruscamente al final del recorrido. La odisea había terminado. "No fue tan malo. Gracias por traerme, papá."

La muerte seguramente es similar. La experiencia no es tan mala. Gracias por traernos, Papá.

"Libertad: te buscamos constante y afanosamente durante toda la vida. Al morir, te hallamos en el rostro de Dios."
Dietrich Bonhoeffer

AVANCEMOS *Aunque la vida nos lastime hasta hacernos sangrar, tenemos esperanza. Confiamos en que no existe la derrota definitiva. Hay esperanza... ¡todavía tenemos esperanza!*

Notas

Camino a casa

El cielo

El cielo es tan o más real que la habitación donde estás. Con semejante futuro no hay nada que no puedas afrontar.

Y vi un cielo nuevo y una tierra nueva, porque el primer cielo y la primera tierra pasaron, y el mar ya no existe. Y vi la ciudad santa, la nueva Jerusalén, que descendía del cielo, de Dios, preparada como una novia ataviada para su esposo.

Entonces oí una gran voz que decía desde el trono: He aquí, el tabernáculo de Dios está entre los hombres, y El habitará entre ellos y ellos serán su pueblo, y Dios mismo estará entre ellos.

El enjugará toda lágrima de sus ojos, y ya no habrá muerte, ni habrá más duelo, ni clamor, ni dolor, porque las primeras cosas han pasado.

Y el que está sentado en el trono dijo: He aquí, yo hago nuevas todas las cosas. Y añadió: Escribe, porque estas palabras son fieles y verdaderas.

También me dijo: Hecho está. Yo soy el Alfa y la Omega, el principio y el fin. Al que tiene sed, yo le daré gratuitamente de la fuente del agua de la vida. *El vencedor heredará estas cosas, y yo seré su Dios* y él será mi hijo.

Pasaje bíblico:

Apocalipsis 21:1-7 (LBLA)

Notas

MOMENTO DE DECISIÓN

—Aquí tienes un modelo cristiano y un modelo no cristiano. Son las únicas dos opciones.

—Está bien, pero exteriormente son iguales. ¿En qué se diferencian?

—Tienes razón, son parecidos: ambos tienen cuerpos sanos, tienen familias bien parecidas, casa, auto, un trabajo, microondas...

—Entonces, ¿no hay diferencia?

—El modelo cristiano viene con más paz mental y es mucho más poderoso. Sin embargo, los que probaron el modelo no cristiano afirman que es algo simplemente psicológico. Por supuesto, por el otro lado nos han informado que el modelo no cristiano no es tan resistente, su garantía es poco clara y no puedes confiar en ella. Se podría decir que esa es la mayor diferencia: el no cristiano no cuenta con promesas de las cuales echar mano, pero el cristiano tiene esperanza. Yo en tu lugar, elegiría este último modelo.

"Si pretendemos describir el cielo con la más poética y perfecta combinación de palabras solo lograremos empañar y opacar lo que realmente es."

Jonathan Edwards

AVANCEMOS *Jesucristo volverá un día determinado a esta tierra, a través del cielo visible, para llevar a personas de carne y hueso al único y verdadero paraíso. ¿No te gustaría presenciarlo?*

¡Viene otra vez! ¡Otra vez!

El regreso de Cristo

Tan cierto como que Él estuvo acostado en un pesebre, un día abrirá el cielo y se precipitará a buscarnos.

Hermanos, no queremos que ignoren lo que va a pasar con los que ya han muerto, para que no se entristezcan como esos otros que no tienen esperanza. ¿Acaso no creemos que Jesús murió y resucitó? Así también Dios resucitará con Jesús a los que han muerto en unión con él.

Conforme a lo dicho por el Señor, afirmamos que nosotros, los que estemos vivos y hayamos quedado hasta la venida del Señor, de ninguna manera nos adelantaremos a los que hayan muerto. El Señor mismo descenderá del cielo con voz de mando, con voz de arcángel y con trompeta de Dios, y los muertos en Cristo resucitarán primero.

Luego los que estemos vivos, los que hayamos quedado, seremos arrebatados junto con ellos en las nubes para encontrarnos con el Señor en el aire. Y así estaremos con el Señor para siempre. Por lo tanto, anímense unos a otros con estas palabras.

Ahora bien, hermanos, ustedes no necesitan que se les escriba acerca de tiempos y fechas, porque ya saben que ***el día del Señor llegará como ladrón en la noche…***

Ustedes, en cambio, hermanos, no están en la oscuridad para que ese día los sorprenda como un ladrón… No debemos, pues, dormirnos como los demás, sino mantenernos alerta y en nuestro sano juicio.

Pasaje bíblico:

1 Tesalonicenses 4:13-5:2,4,6 (NVI)

Notas

MOMENTO DE DECISIÓN

Sin que llegue a ser un pecado, hay veces que estamos tan aclimatados con este mundo que al pensar en la segunda venida de Cristo deseamos que se demore un poco. Tal vez porque nos gustaría ver a nuestros hijos casados, poder llevar a nuestros nietos de paseo, ver que nuestro negocio prospera, comprarnos una casa en las afueras, llegar a correr esa maratón, ver los tulipanes florecidos... En resumidas cuentas: deseamos disfrutar de la única vida que conocemos.

Si tan solamente pudiéramos imaginarlo...

El regreso de Cristo a la tierra será más glorioso que cualquier cosa conocida, más emocionante que la definición por penales del Campeonato Mundial de Fútbol, más excitante que la sensación de entrar en las gélidas aguas de deshielo que brotan de un manantial de montaña en el estío, y más hermoso que los ojos de tu novia tras el velo nupcial. Lo veremos. ¡Sí, a Él! ¡Veremos a Jesús, el Cordero de Dios, el Señor de gloria, el amor de nuestra vida! Y lo veremos cara a cara; podremos mirarlo a los ojos. Él ha estado anhelando el momento de su venida para tomarnos en sus brazos, cobijarnos en su amor y llevarnos al hogar, a ese lugar glorioso que nos ha ido a preparar. ¡Señor Jesús, ven pronto!

"Llegará un momento en que quienes adoramos a Dios aquí en este mundo, abriremos los ojos y estaremos contemplándolo cara a cara tal como Él es."

John Baillie

AVANCEMOS *Seguiremos respirando este mismo aire y tomando de esta agua, pero jamás nos volveremos a sentir parte de este mundo. Pertenecemos a otro reino.*

¡Qué final!

La gloria

Si la gente te dice que andas en las nubes, respóndeles que no te critiquen hasta que hayan pasado por esa experiencia.

Ya que han resucitado con Cristo, busquen las cosas de arriba, donde está Cristo sentado a la derecha de Dios. Concentren su atención en las cosas de arriba, no en las de la tierra, pues ***ustedes han muerto y su vida está escondida con Cristo en Dios***. Cuando Cristo, que es la vida de ustedes, se manifieste, entonces también ustedes serán manifestados con él en gloria…

Por su gran misericordia, nos ha hecho nacer de nuevo mediante la resurrección de Jesucristo, para que tengamos una esperanza viva y recibamos una herencia indestructible, incontaminada e inmarchitable. Tal herencia está reservada en el cielo para ustedes, a quienes el poder de Dios protege mediante la fe hasta que llegue la salvación que se ha de revelar en los últimos tiempos.

Esto es para ustedes motivo de gran alegría, a pesar de que hasta ahora han tenido que sufrir diversas pruebas por un tiempo. El oro, aunque perecedero, se acrisola al fuego. Así también la fe de ustedes, que vale mucho más que el oro, al ser acrisolada por las pruebas demostrará que es digna de aprobación, gloria y honor cuando Jesucristo se revele.

Ustedes lo aman a pesar de no haberlo visto; y aunque no lo ven ahora, creen en él y se alegran con un gozo indescriptible y glorioso, pues están obteniendo la meta de su fe, que es su salvación.

Pasaje bíblico:

Colosenses 3:1-4;

1 Pedro 1:3b-9 (NVI)

MOMENTO DE DECISIÓN

Con los ojos de la eternidad, la vida se ve diferente.

El juego puede empezar aunque tu hijo no sea uno de los jugadores titulares. La ropa sucia no va a matar a nadie si no se lava hoy. Esa reunión que te toca presidir no determinará el destino de las naciones.

Relájate.

Las paredes no están tan mal como para que urja pintarlas de nuevo. Puedes ir a dormir sin haber leído el diario. Puedes estar agradecido de que por lo menos tu viejo auto te sigue llevando de un lado a otro.

Puedes esperar.

El tiempo que pasas mirando intrascendentes programas de televisión es tiempo perdido. La urgencia de contarles a otros de Jesús bullirá en tu interior. La siguiente llamada que hagas o la siguiente carta que escribas será para decirle "te amo" a aquel ser querido al que hace mucho que no le expresas tu afecto.

Puedes actuar.

Desearás ser santo, puro, auténtico.

Puedes vivir. Y hacerlo con todas las letras.

"Tenemos una herencia asegurada. ¿Por qué entonces nos cuesta tanto abandonar este mundo deprimente? Lo que nos espera es ciertamente muchísimo mejor."

Calvin Miller

Notas

AVANCEMOS *Ama al Señor tu Dios con todo tu corazón, con toda tu alma y con toda tu mente y a tu prójimo como a ti mismo. Eso hará que te mantengas en la senda correcta de principio a fin.*